Michaela Böckmann

Ostwind

Zwei Himmelsstürmer und ihr Weg nach der Bruchlandung

Weine nicht, weil es vorbei ist, sondern lache,
weil es so schön war.
(Gabriel García Márquez)

In liebender Erinnerung an meine Eltern

Impressum

1. Auflage: April 2012

www.telescope-verlag.de

ISBN: 978-3-941139-38-1
Preis: 12,00 EURO

Inhalt

Einleitung 7
Die Rückkehr 9
Die Sache mit dem Ypsilon 12
Wenn ich könnte wie ich wollte 13
Kontakte über den Gartenzaun 14
Das Ende 16
Die geheimnisvollen Besucher 19
Der Gerichtsvollzieher 21
Eine sehr schwere Entscheidung 22
Auf den Spuren der Vergangenheit 24
In der Mocca-Milch-Eisbar, da ist es geschehn 26
Also tschüss, macht es gut 28
Mein Neueinstieg – Klappe, die Erste 29
Klappe, die Zweite 31
Die Empfehlung 34
Unsere Töchter 35
Die Cosby Show in Karlshorst 39
Der Traum, der auf vier Pfoten kam 42
Charly, der den Rüdi brachte 45
Opa Karl-Heinz 50
Opi Manni 52
Dirks neuer Weg 58
Neuanfang, Klappe, die Dritte 61
Danny 66
Die unbequemen Fragen 68
Man findet sich 69
Der Fortschritt zieht ein 78
Unsere Urlaube 79
Die ersten Veränderungen 88
Abi 1998 90

Das Jahr 2000 93
2001 99
2002 100
2003 103
2004 107
Familie 109
Der ungebetene Begleiter 110
2006 126
2007 132
2008 - Danke Stayfriends 135
2009 144
Die Villa Kunterbunt 148
Die Sanierung 153
Die Umzüge 155
Gedanken zum Ausklang 170

Liebe Leserinnen, liebe Leser,

schön, dass Sie den Weg in mein Buch gefunden haben und sich für meine Geschichten interessieren.

Mit dem Schreiben begann ich anlässlich unserer 50. Geburtstage und der hoffentlich überstandenen Krebserkrankung meines Mannes. Ich schaute zurück und brachte meine Erinnerungen zu Papier:

1960 geboren und behütet aufgewachsen in der DDR, lernten wir uns bereits mit 15 Jahren, im Jahre 1975 kennen und lieben. Drei Kinder und bisher vier Enkel, die aus dieser Liebe hervorgingen. Der Traum vom Fliegen, der unser Leben lange Zeit bestimmte. Daraus entstanden Geschichten. Geschichten die das Leben, die unser Leben schrieb. Ich weiß, ich besitze weder einen Promibonus, noch verfüge ich über geeignete Kontakte. Aber vielleicht kann ich bei Ihnen mit meinen Geschichten punkten, Sie interessieren, begeistern, fesseln und zum Weiterlesen bewegen.

Ich möchte Sie schmunzeln, nachdenken, wundern und mitfühlen, eben an meinen schönsten aber auch schwersten Momenten teilhaben lassen.

„Ostwind – zwei Himmelsstürmer und ihr Weg nach der Bruchlandung" beschreibt die gemeinsamen Jahre von 1990 bis 2011. Sozusagen unseren ganz persönlichen Weg durch die Irrungen und Wirrungen der jüngsten deutschen Geschichte.

Natürlich handelt es sich um keine wissenschaftlich fundierte Geschichtsaufarbeitung sondern gelebtes, erlebtes Leben, so wie ich es empfunden habe.

Nun wünsche ich Ihnen ein offenes Auge, ein offenes Herz und vor allem viel Freude beim Lesen...

Ihre/eure Michaela Böckmann

„Auch der unscheinbarste Mensch hat seine Geschichte, und die Geschichte der unscheinbaren Menschen wäre interessanter und lehrreicher als die Geschichte berühmter Menschen, zumal diese für den öffentlichen Gebrauch zurechtgemacht wird ... So ist die bis heute geschriebene Geschichte der Menschheit mehr als fragmentarisch und fragwürdig ...Es ist ein Unglück, dass die sogenannten einfachen Menschen nur wenig über sich selbst aussagen... So bleibt uns ein ungeheurer Ausschnitt des menschlichen Lebens unbekannt."

Johannes R. Becher
(1948)

Für unsere Kinder, Mandy, Steffi und Danny sowie unsere Enkel Moritz, Marvin, Klara, Egon und Nummer Fünf (noch nicht identifiziert). Das Beste und Wichtigste, was uns das Leben brachte.
Dezember 2011

Die Rückkehr

...nun sind wir angekommen und zwei Herzen schlagen in unserer Brust. Einerseits dieses Glücksgefühl, wieder in unsere alte Heimat Berlin zurückgekehrt zu sein und andererseits dieser Spritzer Wehmut im Herzen. Vertrautes, ja auch Menschen, die uns in den Jahren lieb und teuer wurden, ließen wir zurück und eine ungewisse Zukunft liegt vor uns.

Der Umzugswagen folgt uns in gebührendem Abstand. Wieder heißt es Möbel schleppen, aufbauen, Kisten auspacken und das Haus wohnlich gestalten.

Die Renovierungsarbeiten sind zum größten Teil erfolgreich abgeschlossen. Natürlich waren wir bestrebt, unserem neuen Heim mit Farben, Linoleum und in dem uns zur Verfügung stehenden finanziellen Rahmen, diesen persönlichen Stempel aufzusetzen.

Leider liegen trotz aller Bemühungen bei unserer Ankunft noch ein paar Dinge im Argen. Besonders schmerzlich bemerkbar macht sich, wir haben kein Klo.

Der mit der Klärung des Sanitär- und Heizungsproblems beauftragte Klempnermeister aus Karlshorst hatte zwar sehr geschäftig und vorausschauend, wobei ich mich immer noch frage, wohin er da wirklich geschaut hat, alles abgebaut, herausgerissen und deinstalliert, was wohl seiner Meinung weder niet- und nagelfest noch zeitgemäß und tragbar war. Aber die Fertigstellung lässt bereits seit geraumer Zeit auf sich warten. Zum Glück wissen wir am Tage des Einzugs noch nicht, dass er seine Arbeiten nie beenden, sich nicht einmal mehr blicken lassen wird. So sind wir immer noch guter Hoffnung. Natürlich war es schwierig. Jeder kann es sich denken: 5 Personen ohne Klo aber mit einem sehr gesunden Stoffwechsel und keine Bekannten weit und breit. Aber wir trugen es erst einmal mit der typischen Beherrschtheit eines DDR-Bürgers. Seit Jahren daran gewöhnt, dass der Handwerker und nicht der Kunde das Ass in der Tasche hat und König ist.

So muss Dirk sich, neben den eigentlichen Umzugsaufgaben erst einmal eine Übergangslösung, und als wir dann endlich begreifen, dass der Klempner uns mit den Baustellen sitzen lässt, schnellstens eine endgültige Lösung einfallen lassen.

Wie sagt bereits ein Sprichwort: Kleine Dinge erledigen wir sofort, Wunder dauern etwas länger. So hielt es sich auch mit unserem zweiten Problem. Durch die gründliche Vorarbeit des Fachmannes haben wir geraume Zeit weder eine Heizung noch warmes Wasser. Zum Glück war Sommer und das Wetter hielt, was die Jahreszeit versprach.

So holten wir ihn wieder aus dem Keller, unseren blauen Windeltopf. Seit Jahren bereits im wohlverdienten Ruhestand konnten wir uns dennoch nie ganz trennen. Zu viele Erinnerungen verbanden sich mit diesem Topf.

Wieder wird er uns zur verlässlichen Stütze und fungiert einige Zeit als Wasserkessel. Bis in den späten Herbst werden wir ihn entsprechend beanspruchen. Erst nach der Währungsunion findet sich eine Firma, die im wahrsten Sinne des Wortes, über Nacht für Abhilfe sorgt.

Diverse Projekte müssen aus rechnerischen Gründen erst einmal auf unbestimmte Zeit verschoben werden. Nur zwei Dinge können nicht warten!

Die Eingangstür, bei unserem Einzug eigentlich nur noch von ein paar Schrauben und Nägeln zusammengehalten, macht es prinzipiell keinen großen Unterschied, ob man sie schließt oder eben nicht. Durch ihre außergewöhnlichen Abmaße bleibt uns nur eine Sonderanfertigung. Bei der Küche war es weniger problematisch. Wir erstanden ein paar Hänger und Schränke, so kann man schon sagen, als sogenannte Ladenhüter.

Bereits zu diesem Zeitpunkt richtete sich der Blick der DDR-Bürger in die neue Welt. Endlich waren diese Produkte, die man ansonsten nur aus der Werbung vom Fernsehen kannte, nicht mehr unerreichbar. War es Neugier auf diese neuen und bunten Artikel, war es bei manchen sogar Boykott, Fakt ist, immer mehr DDR-Produkte vergammelten mittlerweile in den Regalen oder wurden vom Handel gar nicht mehr abgenommen.

Viele Firmen versuchten bereits, sozusagen im Direktmarketing, also vom LKW an die Kunden zu gelangen, boten ihre Produkte auf diesem

Wege zu Schleuderpreisen an. Aber nicht jeder Hersteller war damit so erfolgreich, dass es ihn vor dem „Aus“ retten konnte.

Die Menschen gaben eher horrende Summen aus, um in den Genuss der neuen und unbekannten Waren zu gelangen. Wenn ich die Beweggründe natürlich verstand und mich selbst bei diesem Phänomen gar nicht ausnehmen möchte, sägten wir „Ossis“ wohl damals durch dieses Verhalten mit an unserem eigenen Ast.

Es wird nicht mehr lange dauern, bis leider auch manche Traditionsunternehmen aufstecken und die Menschen erstmals am eigenen Leibe spüren, was sie bisher nur aus Presse, Funk, Fernsehen oder dem Unterricht kannten: Existenzangst und Arbeitslosigkeit.

Die Sache mit dem Ypsilon

Die Kinder haben sich gut eingelebt. Sie genießen im wahrsten Sinne des Wortes, ihre persönlichen Freiräume. Der Kontakt zu den Nachbarskindern gestaltet sich noch zurückhaltend. Ich hoffe, dass sich das mit dem Ende der Ferien und dem Besuch der neuen Schule ändern wird.

Einen Kindergartenplatz für Danny, der nun fast 4 Jahre alt ist, finden wir recht schnell. Eine wunderbare Einrichtung mit liebevollen aber auch konsequenten Erzieherinnen, in der Danny sich von Anfang an sehr wohlfühlt und im Nu als Strahlemann die Herzen aller für sich gewinnt.

Dirk mit ihm dort erstmals vorstellig, wird nicht allein von der Reaktion seines Sohnes an diesem Tage sehr überrascht sein. Auf die Frage, wo er wohne, antwortet Danny stolz und vollkommen von der Richtigkeit überzeugt: „Na in Y." Ich muss bei der Schilderung schmunzeln, kann ich mir genau denken, wie diese Weisheit zustande kommt. Immer wenn ich jemandem unsere neue Adresse mitteilte, war meine Formulierung: „Gleyeweg mit Y!"

Wenn ich könnte, wie ich wollte

Das waren stets die Worte von Traudchen: der Schulfreundin meiner Oma, die im Westteil lebte und meine Großeltern regelmäßig besuchte. Stets ging vor diesen Treffen eine Wunschliste von West nach Ost auf die Reise, Handtaschen, Uhren, bestimmte Lebensmittel und meine Oma trug alle Geschenke für sie zusammen. Traudchen machte sich immer mit gefüllten Taschen auf den Weg nach Hause. Natürlich hatte auch sie ein paar Aufmerksamkeiten für uns dabei. Zwei Tafeln Sarotti, die so beliebte Lux-Seife, ein paar Strumpfhosen, Kaugummis, eben das Übliche, für uns immer „Besondere!"

Sie wurde von meinen Großeltern fürstlich bewirtet, was auch sehr wichtig war, denn sie konnte essen und trinken, als gäbe es kein Morgen. Danach jedes Mal die Worte: „Also ihr Lieben, sollte es jemals anders kommen, für euch wäre mir nichts zu teuer!"

Tja und wie wir alle wissen, es kam anders. Um es kurz zu machen. Wir waren einmal bei ihr zu einem Frühstück eingeladen, danach meldete sie sich nie wieder.

Kontakte über den Gartenzaun

Natürlich war den Nachbarn nicht verborgen geblieben, wer oder was die Neuen waren. Immer noch fuhr Dirk jeden Tag in Uniform nach Marxwalde, seinem Traum entgegen, von dem wir im tiefsten Herzen bereits wussten, dass er einer Sternschnuppe glich. Sie verhielten sich zum größten Teil sehr zurückhaltend. In dieser Zeit der politischen Veränderungen und einer Siedlung, in der viele von ihnen bereits geboren wurden, aufwuchsen und ihre eigenen Kinder großzogen, sicher eine verständliche Reaktion. Ich empfand mich dadurch anfangs aber in gewisser Weise als Eindringling. Recht schnell war uns klar, dass wir hier nur mit Freundlichkeit und Ausdauer punkten konnten. Um es kurz zu machen, steter Tropfen höhlt den Stein. Irgendwann wurde dieser, unser Plan, von Erfolg gekrönt und wir lebten über die vielen Jahre eine wunderbare Nachbarschaft: Vertrauensvoll, mit dieser so typischen Hilfsbereitschaft und den freundschaftlichen Zusammenkünften zu jeder Gelegenheit, ohne sich in seiner Privatsphäre einzuschränken.

Für die ersten engeren Kontakte über den Gartenzaun hatte mal wieder mein Vater gesorgt. In seiner so unverfänglichen und offenen Art lud er unsere direkten Nachbarn, Adolf und Ilse, auf ein Bierchen ein.

Ja, so war er! Mein Vater! Mein Haus war auch sein Haus und in gewisser Weise stimmte das ja auch. Ohne die uneingeschränkte moralische und finanzielle Unterstützung meiner Eltern wären viele Dinge niemals möglich gewesen. Auch wenn ich es viel zu selten gesagt habe, dafür werde ich ihnen ein Leben lang unendlich dankbar sein: „Liebe Bimi, lieber Papi, ich hoffe, es ist bei euch da „oben" angekommen."

Mit Adolf und Ilse verstehen wir uns von Anfang an sehr gut. Dennoch wird es geraume Zeit dauern, bis der Kontakt zu uns öffentlich gemacht wird. Erst einmal getrennt von den anderen eingeladen, um sie wohl nicht zu brüskieren, wird Ilse als erste Stellung beziehen.

Ein langjähriger Nachbar und Freund bei gemeinsamen Treffen geraume Zeit diskutieren und provozieren aber irgendwann das Handtuch werfen. Er, der offen bekundete, dass das Ende der DDR und ihres politischen Systems für ihn ein großes Glück bedeutete, wird schneller als erwartet, Opfer des neuen Systems. Sicher hoch motiviert, viele Träume und Pläne im Kopf und im Herzen, wird er letztendlich alles verlieren und die Siedlung irgendwann verlassen müssen.

Ähnlich geht es auch einigen Nachbarn, die in „ihrem" Haus als Mieter wohnten. Es gab ganze Straßenzüge, aber auch einige frei stehende Einfamilienhäuser, die zu diesem Zeitpunkt noch der Kommunalen Wohnungsverwaltung (KWV) unterstanden. Manchem hatte man den Kauf bereits vor Jahren angeboten, nicht jeder ging darauf ein. Viele Kosten, die Eigentümer selbst zu tragen hatten, wurden so natürlich von der KWV übernommen. Nun aber müssen sie bangen und aufgrund bestehender Rückübertragungsansprüche wird es auch jene geben, die ihr Heim verlieren.

Andere rettete zu gegebener Zeit das sogenannte „Modrow-Gesetz." Es bot den Betroffenen die Möglichkeit, Haus und Grundstück zu Sonderkonditionen zu erwerben. Soweit mir bekannt ist, beinhaltete dieses Gesetz eine vorgeschriebene „Wiederverkaufsklausel", um Spekulanten keine Chance zu geben, sicherte letztendlich und glücklicherweise vielen Familien ihr langjähriges zu Hause.

Auch bei uns wird es über 2 Jahre dauern, bis der lang ersehnte Grundbucheintrag uns zu rechtmäßigen Eigentümern machte.

Das Ende

Obwohl Dirk, wie ich bereits schrieb, weiterhin natürlich seinen dienstlichen Pflichten nachgeht und jeden Flugdienst genießt, glauben wir schon lange nicht mehr daran, dass der Standort Marxwalde auf Dauer eine Perspektive hat.

Auch wenn diese Einsicht sehr schmerzte, versuchten wir es in gewisser Weise sogar zu verstehen. Wir zählten zu den Verlierern der Geschichte, für manche sogar zu den Tätern. Hätten wir die Bundeswehrsoldaten, wenn es anders herumgekommen wäre, mit offenen Armen empfangen? Ich glaube nicht.

Mittlerweile wurden über Presse und Dienststellen bereits entsprechende Umschulungsmaßnahmen angeboten, was uns in unserem Standpunkt natürlich bestärkte.

Dirk wird von einem Vorgesetzten darauf aufmerksam gemacht: „Junge, hör dir das doch wenigstens mal an, vielleicht ist das ja was für dich. Machen wir uns nichts vor. Hier wird bald das Licht ausgemacht."

Wir beide philosophierten das ganze Wochenende, was war richtig, was war falsch? Sollten wir ausharren oder unserer inneren Stimme folgen? Drei Kinder mussten ernährt werden! Natürlich prüften wir auch alle Möglichkeiten, die sich boten, um in irgendeiner Weise weiter zu fliegen. Doch zu diesem Zeitpunkt waren Angebote in dieser Richtung rar. Erschwerend kam hinzu, dass notwendige Umschulungen auf andere Maschinen selbst finanziert werden mussten, ohne zu wissen, ob sich danach eine Einsatzmöglichkeit bot.

Vielleicht nennen es manche fehlenden Mut zum Risiko oder Unflexibilität. Für uns war es Mathematik, einfaches Rechnen, das vielen heute so schwer fällt. Der Vergleich von Soll und Haben hielt uns dann doch von diesem Weg ab.

Sonntag fahren wir noch einmal zu meinen Eltern, um ihren Rat einzuholen aber letztendlich werden auch sie uns diese schwere Entscheidung nicht abnehmen können.

Unter dem Motto: Zuhören verpflichtet ja erst einmal zu gar nichts, wird Dirk die Informationsveranstaltung besuchen. Da an diesem Tag auch ein Flugdienst angesetzt war, gestaltete sich das Zeitfenster sehr eng. Doch

Dirk ist optimistisch, alles in dem vorgegebenen Zeitrahmen zu bewältigen. Ansonsten, so hatte sein Vorgesetzter ihm zugesagt, würde er die Verantwortlichen rechtzeitig über den Grund der Verspätung unterrichten. Bis heute ist uns nicht bekannt, ob er dieses Versprechen dann wirklich einlöste. Denn es kam, was kommen musste.

Dirk wird erstmalig nicht pünktlich zum Flugdienst erscheinen und nie mehr als Pilot in ein Jagdflugzeug steigen dürfen. Ein harter Schlag und ein Ende, das für ihn hätte nicht schmerzlicher ausfallen können.

Nach all den Jahren der vorbildlichen Pflichterfüllung wird ein Verantwortlicher ihn plötzlich in einem ganz anderen Licht sehen. Wohl als Abtrünnigen, Wendehals oder sogar Verräter soll ihn diese Entscheidung nun angemessen strafen.

Ich kann sicher nur erahnen, wie schwer Dirk daran trug. Nach außen demonstrierte er Fassung. Dennoch spürte ich diesen tiefen Schmerz darüber, ihm so die Möglichkeit des bewussten Abschiednehmens von seinem Traum, diesen letzten verinnerlichten Flug, sicher mit Wehmut aber dennoch ganz tief im Herzen festgehalten, versagt zu haben.

Dirk wird kurze Zeit später die Armee verlassen und seine Umschulung zum Einzelhandelskaufmann und staatlich geprüften Betriebswirt beginnen. Parallel dazu werden wir aber immer noch weitere Einsatzmöglichkeiten prüfen. So bewirbt er sich auf eine ausgeschriebene Stelle beim Bundesgrenzschutz (BGS) und auch bei der Berliner Polizei.

Der BGS ist sehr interessiert, den Einstellungstest meistert Dirk ohne Probleme. Da aber keine Einsatzmöglichkeiten in und um Berlin garantiert werden können, verwerfen wir diese Idee wieder.

Bei der Berliner Polizei sieht es dann etwas anders aus. Den Eignungstest absolviert, wird man ihm bei seiner Auswertung mitteilen: „Abgelehnt! Sie können ja schon froh darüber sein, dass wir Sie überhaupt angehört haben. Früher wären Sie erschossen worden."

Die ganz persönliche Verarbeitung vom jähen Ende seines Traumes wird Dirk noch geraume Zeit beanspruchen.

Er, der wie ich ja bereits schrieb, schon immer dazu neigte, vieles mit sich selbst auszumachen, zieht sich zurück. Fragte ich ihn: „Wie war dein Tag?" lautete seine Antwort nur: „War ok!" Fragte ich nach Einzelheiten, bekam ich zur Antwort: „Was soll ich dir denn davon erzählen? Das interessiert doch eh niemanden." Natürlich war mir klar, dass die Umstellung für ihn gravierend sein musste.

Ein Mensch, der von Natur aus nicht mehr als notwendig sprach, von dem selbst seine Kinder behaupten, dass sie wohl heute noch nicht reden könnten, wären sie nur mit ihm aufgewachsen, musste nun lernen, dass kurze, sachliche und auf den Punkt gebrachte Äußerungen nicht mehr zu dem gewünschten Erfolg führten. Auf einmal galt es, mehr zu reden als zu sagen und am besten von oder über sich selbst.

So wird es einige Zeit sehr ruhig zwischen uns. Die Angst, uns zu verlieren lässt mich aber kämpfen, wie eine Löwin. Ich rede, heule, streite, schreibe, drohe, letztendlich mit Erfolg.

Heilt die Zeit wirklich alle Wunden oder gewöhnt man sich nur an den Schmerz? Auf jeden Fall wird Dirk einen Weg finden, mit den neuen Gegebenheiten umzugehen und sich dennoch nicht verbiegen zu müssen. Die Umschulung beendet er mit sehr guten Ergebnissen und hat damit eine neue berufliche Perspektive vor sich.

Die Fliegerei wird er dennoch niemals aus seinem Herzen verbannen, auch wenn er darüber nur zu ganz besonderen Anlässen spricht. Sein Ritual: Zweimal im Jahr, zieht er sich, so seine ganz persönliche Formulierung, den Film „Top Gun“ rein und schwelgt dabei in seinen Erinnerungen.

Die geheimnisvollen Besucher

Ich erkunde langsam die neue Gegend oder schaffe mich in unserem chaotischen Garten. So auch an diesem Samstag.

Dirk gerade unterwegs, um die letzten Besorgungen zu machen, wie immer hatte ich irgendetwas vergessen. Schon eine Weile beobachte ich einen PKW, der bereits mehrmals an unserem Tor hält und jemand, ohne das Fahrzeug zu verlassen versuchte, ein Namensschild zu finden. Leider konnte derjenige nicht wissen, dass wir es dazu bisher noch nicht gebracht hatten, sozusagen immer noch in kognito lebten.

Just in dem Moment, als ich mich den Besuchern näherte, flüchteten sie mit quietschenden Reifen. Aber die Zeit reichte, um sie zu erkennen.

L. mit seiner Frau, sozusagen ein Mitstreiter aus vergangenen Tagen. Bereits bei der Interflug mit Dirk die Berufsschulbank gedrückt, begegnen wir ihm in Marxwalde wieder. Als Techniker beim TG 44 wird er irgendwann mit seiner Frau direkt in unseren Nebeneingang ziehen. Leider finden wir nie einen persönlichen Draht zueinander, die Frau wird mich nicht einmal grüßen.

Was mir sofort auffällt, dass sie den Mund beim Reden nur so weit öffnet, wie unbedingt nötig, um so ihre Zähne oder das was davon übrig war, zu verbergen. Sie selbst wirklich sehr zart gebaut, wird es dennoch schaffen, alle vier oder fünf Schwangerschaften geschickt zu verbergen. Erst der wieder liebevoll bestückte Kinderwagen wird uns Nachbarn auf die neue Geburt aufmerksam machen und jedes Mal die Frage aufwerfen, wo dieses Baby sich die letzten 9 Monate aufgehalten hat. Die Kinder allesamt wirklich zuckersüß und sehr niedlich anzuschauen. L. wird Dirk, der nach unserem Wegzug die letzten Überbleibsel aus unserer Wohnung abholt, ein paar bitterböse Worte hinterherschicken. Und diese beiden suchten nun nach uns, nichts anderes kam in Betracht. Dirk, gerade vom Einkaufen zurück, wird sich noch auf den Weg machen, um ihnen zu folgen, letztendlich – wohl zum Glück – ohne Erfolg.

Von Anfang an hatte ich dieses Bauchgefühl, die anonyme Karte damals, die uns kurz vor unserem Wegzug erreichte, sei von ihnen.

So schicke ich diesmal einen Brief in die entgegengesetzte Richtung. Bedanke mich für die Karte von damals, den mysteriösen Besuch und lade sie ein, unsere Gäste zu sein. Ich stelle ihnen Einlass, Kaffee, Kuchen und Einblick in das Leben dieser gewissenlosen Privilegierten in Aussicht. Wir werden sie weder jemals wiedersehen noch von ihnen hören oder lesen.

Der Gerichtsvollzieher

Nicht lange dauert es und der nächste ungebetene Gast steht vor der Tür. Ein Gerichtsvollzieher, dessen Anwesenheit mir das Herz in die Hosentasche rutschen lässt: „Ja, liebe Frau B., ich komme hier in einer schwierigen Mission!" „Das tut mir wirklich sehr leid, aber ich bin nicht Frau B., worum geht es denn überhaupt?" Wir schauten uns beide recht verdutzt und ratlos an. Wie ich nun erfuhr, war er gekommen, um beträchtliche Schulden unserer Vorgänger einzutreiben. Die Pfändung der Immobilie war bereits ins Auge gefasst. Aber zum Glück war ich ja nicht diese Frau B. Nun war mir aber klar, warum die Familie B., wirklich Hals über Kopf, ihre Zelte hier abbrach ...Der Gerichtsvollzieher machte sich danach ziemlich unbefriedigt auf den Rückweg, mir dagegen fiel mal wieder ein großer Stein vom Herzen.

Eine sehr schwere Entscheidung

Die folgenden Monate kämpfen wir um das finanzielle Überleben. Das Geld, das Dirk während seiner Umschulung erhält, reicht oft nur gerade so oder ab und an auch gar nicht. Wie sagt man so schön: „Manchmal war am Ende noch ganz schön viel Monat übrig!" Irgendwelche Sprünge waren da nicht möglich. Ein neues Stück Kleidung purer Luxus. So freute ich mich immer riesig, wenn meine Mutti mal wieder einen Pullover ausrangierte oder ich ihn ihr mit Charme oder der Unterstützung meines Vaters entlockte. Jahrelang trug ich also die „Abgelegten" was ich aber nie als wirkliches Defizit empfand. Wichtiger waren die Bedürfnisse der Kinder, na ja und ein leckeres Essen. Aber auch da werden natürlich die Preise ganz genau verglichen. Lange war unter anderem der Werksverkauf der Berliner Wache, einem Fleisch- und Wurstproduzenten, gegenüber vom Tierpark Friedrichsfelde, unsere erste Wahl. Stets standen die Kunden dort in langen Schlangen. Wir gingen nie mit speziellen Vorstellungen in dieses Geschäft sondern schauten, was das Sonderangebot hergab. Erst dann machten wir uns Gedanken, ob das mit unserem Geschmack zu vereinbaren wäre. In dieser Zeit waren wir äußerst kompromissbereit. Sehr oft war die preiswerteste Alternative Kassler. Mal als Kamm, mal als Kotelett und wenn man Glück hatte für 3 oder 4 Mark pro Kilo. Eigentlich eines unserer Lieblingsessen, habe ich seitdem damit meine Schwierigkeiten. Wenn heute Kassler, dann nur Dirk zu Liebe.

Die Kinder trugen die Sachen vom Krabbeltisch ohne Schildchen oder besser Label, was sie nicht weniger glücklich machte. Nur eine Ausnahme gab es da: wenn Opa mit ihnen einkaufen ging, wurde jedes Enkelkind auch mal mit einem guten Stück bedacht.

Bis heute legen sie weder gesteigerten Wert auf diese Markenklamotten noch kommen sie auf die Idee, sich oder andere über solche Äußerlichkeiten zu definieren.

Zweimal im Jahr ging es im Fünferpack ab zu Reno, damals noch eine wirklich preiswerte Alternative zu anderen Schuhanbietern. Auch dort fällt mir wieder eine lustige Geschichte ein:

Der Winter stand vor der Tür, in diesem Jahr waren schwarze Stiefelchen angesagt. Danny, wohl vier oder fünf Jahre alt, wird sie jedoch eisern boykottieren: „Die will ich nicht, ich möchte fröhliche Schuhe!“ Er meinte damit diese preiswerten, bunten Thermostiefel, an die er seit Jahren gewöhnt war.

Genau in dieser Zeit kündigt sie sich völlig unvorbereitet an – die vierte Schwangerschaft! – Gerade mein 30. Lebensjahr vollendet, noch keine wirkliche Perspektive in Sicht, warf uns dieses Ereignis vollkommen aus der Bahn. Von mir bisher jedes sich ankündigende Baby als einen großen Glücksmoment empfunden, werden wir diesmal vor der schwersten Entscheidung unseres Lebens stehen.

Wir machten es uns weiß Gott nicht leicht, zogen alle Möglichkeiten in Betracht und entschieden uns dann aufgrund unserer Situation gegen dieses Baby – eine reine Kopfentscheidung! – sprach mein Herz wohl eine ganz andere Sprache.

So erinnere mich noch genau an diesen Moment, als mich jemand mit seinem lauten Weinen und Rufen aus dem Narkoseschlaf weckt. Es dauert nur ein paar Sekunden bis ich bemerke, dass ich selbst diejenige bin. Alle Bettnachbarinnen saßen um mich herum, hielten meine Hand und versuchten, mich irgendwie zu trösten: „Ich will mein Baby wiederhaben.“ hörte ich mich immer wieder sagen. Zu Dirk später: „Egal, was passiert, das kann ich nie wieder über mich ergehen lassen, so etwas werde ich nicht noch einmal schaffen!“ Viele Jahre werde ich zutiefst leiden und immer wieder versuchen, „es“ gut zu machen. Ich werde nie wieder schwanger ...

Dennoch empfinde ich dieses verbriefte Recht der Frau, selbst entscheiden zu können, ob sie sich in der Lage fühlt, dieses werdende Leben auszutragen, auf die Welt zu bringen und liebevoll und entsprechend seiner Bedürfnisse aufzuziehen, als eine große Errungenschaft. Ich kenne keine Frau, die leichtfertig mit dieser Entscheidung umgeht. Stundenlange Gespräche und schlaflose Nächte gehen ihr oft voraus.

Betroffenen, die mich ins Vertrauen zogen, sagte ich stets: „Es ist dein Recht, dich so oder so zu entscheiden, lass dir von niemandem einreden, dass du deshalb ein schlechter Mensch bist. Wenn du dich danach – sicher traurig aber dennoch erlöst fühlst – hast du, im Gegensatz zu mir, für dich ganz persönlich die richtige Entscheidung getroffen.“

Auf den Spuren der Vergangenheit

Wir nehmen unsere alte und neue Heimatstadt langsam wieder in Besitz, erkunden die Umgebung und machen uns mit den Kindern auf den Weg zu den Orten unserer Jugenderinnerungen.

So das **Café Sibylle** in der Karl-Marx-Allee. Es wurde für Dirk und mich lange Zeit zu einem Zufluchtsort.

Da wir uns, wie ich ja im ersten Teil bereits schrieb, beide mit unseren Geschwistern ein Zimmer teilten, war es schwierig, einmal ungestört zu sein. So machten wir uns zum Beispiel auf ins „Sibylle", wenn mein Bruder mal wieder stundenlang „Mau Mau" spielen wollte. Bei einer Tasse Kaffee für 90 Pfennige saßen wir dann, redeten über dies und das oder beobachteten die anderen Gäste. Etwas, was ich heute immer noch sehr gern tue.

Dabei fiel auch er uns auf: ein attraktiver Mann, den wir recht regelmäßig dort treffen. Das wird mich dazu bringen, ihn scherzhaft als Leidensgenossen zu betrachten, der wohl auch kein eigenes Zimmer besaß. Er sitzt eigentlich immer am gleichen Tisch, seinen Trenchcoat oder was er gerade trug, stets über die Lehne eines der Stühle gelegt. Er selbst trank Kaffee, manchmal auch ein Gläschen Sekt und schrieb und schrieb.

Ab und an hatte ich bereits das Gefühl, als beobachte er uns genauso, wie wir ihn. Eines Tages, mir stockte der Atem, schaut er wieder in unsere Richtung, erhebt sich und kommt an unseren Tisch. Sofort schlug mein Gewissen, hatte er meine Neugierde beobachtet und fühlte sich dadurch belästigt?

„Hallo Ihr beiden. Mein Name ist Horst Bastian, ich beobachte euch hier schon eine ganze Weile und würde gern etwas mehr über euch erfahren. Ich weiß nicht, ob ihr mich kennt? Ich bin Schriftsteller und interessiere mich für eure Geschichten! Könnte mir sogar gut vorstellen, darüber zu schreiben."

Wir sind sehr überrascht, geben aber auf seine vielen Fragen bereitwillig Antwort. Irgendwann müssen wir los und stellen uns gegenseitig eine Fortsetzung in Aussicht. Als wir das „Sibylle" beim nächsten Mal besuchen, ist Horst Bastian nicht mehr dort.

Wie wir erst vor Kurzem erfuhren, saß und schrieb er dann im Café Warschau, nur einen Katzensprung entfernt. Dennoch werden wir ihn persönlich nie wieder treffen.

Das Café Sibylle gibt es heute noch. Sicher hat sich sein Bild grundlegend geändert und doch empfinde ich bei seinem Besuch noch diese Erinnerungen aus der Vergangenheit: sehe ihn in Gedanken dort sitzen und schreiben. Leider starb Horst Bastian bereits im Jahre 1986, noch nicht einmal 47 jährig, was uns, als wir davon hörten, sehr traurig stimmte. Ob er je etwas von dem was wir ihm erzählten verwendete, wird leider für uns immer ein Geheimnis bleiben.

In der Mocca-Milch-Eisbar, da ist es geschehn

Immer wenn das Taschengeld es zuließ oder Oma uns mal wieder ein Scheinchen zusteckte, machten wir uns auf den Weg in die Mocca-Milch-Eisbar. Man stand in langen Reihen und wartete scheinbar geduldig, bis man an der Reihe war. In Wahrheit beobachtete man die sitzenden Gäste mit Argusaugen, immer darauf hoffend, dass sie ihr Portemonnaie zückten. Dann hieß es bereits, sich neben dem Tisch zu postieren, um diese frei werdenden Plätze zu ergattern.

Dirk war besonders talentiert. Er entwickelte sich im Laufe der Jahre zu einem sehr erfolgreichen Vordrängler, was uns sogar irgendwann bei dem Besuch des Papstes in Rom zugutekommen wird. Aber darüber später.

Die Karte musste ich nicht studieren, meine Wahl stand immer bereits fest: der Eisbecher „Pfirsich-Melba" ohne Sahne. Manchmal gab es dazu noch einen Erdbeer-Eiserdbeer-Shake, aber die Pfirsich-Melba war mein ganz persönliches Pflichtprogramm. So auch bei diesem Besuch.

An unserem Tisch saß diesmal auch eine sehr vornehme ältere Dame. Dirk wählt ein Kännchen Kaffee. Er wird die Tasse genüsslich zum Mund führen, den ersten Schluck trinken und sich plötzlich furchtbar verschlucken. Anfangs noch krampfhaft gegen die Folgen kämpfend, wird er diesen Schluck aber nicht mehr davon überzeugen können, dazubleiben, wo er gerade noch war. Er hatte sich bereits seinen Weg gebahnt und schoss nun, so kann man das wohlwollend umschreiben, aus Nase und Mund in die Richtung der vornehmen älteren Dame.

Natürlich konnte ich nicht an mich halten, der Leser kennt sie bereits, diese, meine Unart in solchen Momenten. Ich bekam meinen üblichen Lachkrampf, die Tränen liefen mir über das Gesicht und es dauerte geraume Zeit, bis ich mich wieder vollkommen im Griff hatte. Dirk wird sich vielmals bei der vornehmen Dame entschuldigen, was sie aber nicht davon abhielt, sofort sehr pikiert die Eisbar zu verlassen. Wir folgten ihr zeitnah! Dirk wohl mehr als froh, dass nicht alle Gäste sich so unsensibel verhielten, wie ich.

Als wir mit den Kindern nach unserer Rückkehr die Mocca-Milch-Eisbar besuchen, ist von diesem Flair aus unseren Erinnerungen nicht mehr viel zu spüren. Der Lack war ab, die Tische verwaist. Irgendwann wird auch sie, wie so viele Einrichtungen dieser Art der neuen Zeit zum Opfer fallen.

Heute befindet sich in ihren Räumen das Restaurant Alberts, eine Lokalität mit einem ganz anderen Gesicht, die dennoch gern an diese Vorgeschichte ihres Hauses erinnert.

Also tschüss, macht es gut

In der Großen Hamburger Straße, nur unweit unserer ersten gemeinsamen Wohnung, wird mein Opa Walter mit akuten Bauchschmerzen in das St.-Hedwig-Krankenhaus eingeliefert.

Die letzten Monate waren bereits schwer für ihn, rechtsseitig war er in seinen Bewegungen massiv eingeschränkt und hatte deshalb schon geraume Zeit die Wohnung kaum noch verlassen. So fuhr ich bereits von Marxwalde regelmäßig zu ihnen, um ihm die Haare zu schneiden oder anderweitig behilflich zu sein. Er war mir dafür immer unendlich dankbar.

Was er bis zum Schluss nie verlor war diese Gabe, sich über kleinste Dinge zu freuen, eben einfach glücklich zu sein mit dem, was das Leben ihm bot.

Natürlich werden wir ihn so oft es geht besuchen, er mir eines Tages sagen: „Na Eli, ich habe das Totenhemd wohl schon an!“ Dabei lächelte er, wie ich empfand, entspannt und schaute mir tief in die Augen. Es werden seine letzten Worte am mich bleiben.

Mein Neueinstieg – Klappe, die Erste

Seit geraumer Zeit halte ich bereits Ausschau nach einer Arbeit, wollte endlich meinen finanziellen Beitrag zum Lebensunterhalt der Familie leisten. Wenn ich ehrlich bin, war mein Selbstwertgefühl zu dieser Zeit auf dem Tiefpunkt.

Seit Jahren im Besitz des Führerscheines, besser der Fahrerlaubnis, wie es in der DDR ja hieß, bekomme ich nach unserem Rückzug plötzlich Panikattacken, wenn ich ins Auto steige. Mein Herz beginnt zu rasen, der Schweiß bricht aus allen Poren und ich beginne, am ganzen Körper zu zittern. Ich konnte mir das nicht erklären. Die ganzen Jahre mit dem Auto zwischen Marxwalde und Berlin hin und her gependelt, wird nun die kürzeste Strecke zur Tortur. Was war nur los? Dieses Gefühl kannte ich bisher nur beim Überqueren offener Treppen. Lange Zeit werde ich niemandem davon erzählen, es geschickt zu kaschieren verstehen.

Für mich zusätzlich erschwerend hinzu kam dieses Gefühl der persönlichen Unsicherheit. Was waren die Anforderungen auf diesem so unbekannten Arbeitsmarkt? Was wusste ich, konnte ich noch, was traute ich mir eigentlich zu?

So backte ich erst einmal kleine Brötchen. Sie boten sich ganz bei uns in der Nähe. Eine Apotheke suchte eine Hilfskraft für 4 Stunden. Ich kam, sah, siegte und bekam diesen Job. Natürlich handelte es sich hauptsächlich um Reinigungsarbeiten. Das störte mich wenig, unser Standpunkt immer: Arbeit schändet nicht! Ich beginne jeden Tag um 7.00 Uhr und sorge bis zur Öffnung um 9.00 Uhr für Ordnung. Schnell merke ich, dass der Apotheker, ein sehr gutmütiger Mann aber ein großes Problem hat: den Alkohol! Manchmal fand ich ihn bei Arbeitsbeginn in sehr peinlichen Situationen vor, was mir die Sache nicht unbedingt leichter macht. Die Alkoholfahne versuchte er mit Fahrenheit zu übertünchen, was mir diesen Duft auf Dauer unerträglich machte.

Das Team nimmt mich grundsätzlich herzlich auf und merkt schnell, dass etwas mehr in mir steckt als nur die Fähigkeit, zu putzen. So wird meine eigentliche Aufgabe bald zur Nebenbeschäftigung. Ich dafür bereits bei der Warenannahme und für das Bepreisen eingesetzt. Mir machen diese Aufgaben viel Freude und mein Selbstwertgefühl beginnt, sich zu stabilisieren.

Gern erinnere mich aus dieser Zeit an Karin. Sie, wie ich dann erfahren werde, eine etwas andere Vergangenheit als ich, wird mir in der kurzen Zeit ans Herz wachsen. Uns verbinden die persönlichen Gespräche während unserer Pausenzigarette und wir werden uns ab und an auch gegenseitig besuchen.

Nur eine Kollegin hinterließ bei mir einen faden Beigeschmack. Der Apotheker, zwar verheiratet aber durch seine starke Alkoholsucht bereits in seinen Wahrnehmungen getrübt, ist dieser Frau, man kann schon sagen, verfallen. Sie wird das, so meine ganz persönliche Auffassung, schamlos für sich ausnutzen. Diese Gewissenlosigkeit, zwar mit entsprechend beigemischter Fürsorge getarnt, sorgt irgendwann für Unstimmigkeiten im Team und nicht nur ich plane, es zu verlassen.

Klappe, die Zweite

Darum beginne ich nach einer neuen Einsatzmöglichkeit Ausschau zu halten und habe in einer Fahrschule, nur einen Katzensprung entfernt, im zweiten Anlauf Erfolg.

Ursprünglich hatte sicher der Eigentümer zwar für eine andere Anwärterin entschieden aber nur eine Woche später wird er nochmals den Kontakt mit mir suchen. Seine erste Wahl hatte sich als Flop erwiesen und so rücke ich als zweite Garde nach.

Sehr schnell merke ich, dass mit meinem neuen Chef nicht so einfach „gut Kirschen essen" ist. Seine Ehefrau, eine wirklich sehr liebe Person, die gerade ihr zweites Kind erwartet, versucht mich auf seine Eigenart, die mit Kolerik wohlwollend umschrieben ist, vorzubereiten. Ich nehme mir vor, alles möglichst unbefangen auf mich zukommen zu lassen. Natürlich bedauerte ich die Fahrschülerinnen, die so manche Launen von Herrn R. einsichtig und kleinlaut über sich ergehen ließen. Was aber immer wieder faszinierend war, dass sie dennoch gern mit ihm fuhren.

Unser Verhältnis entwickelte sich letztendlich aber positiver als anfangs erwartet. Wenn er dann und wann doch den Bogen überspannte, werde ich dagegen halten und mir so weiter seinen Respekt sichern. Immer wieder investiert, eine weitere Fahrschule eröffnet, wird er sich dadurch wohl finanziell übernehmen. Das bedeutet für mich dann irgendwann das Ende.

Kurzzeitig kehrt seine Frau zurück, was aber nicht verhindert, dass er die Fahrschule oder das, was ihm davon noch gehörte, zeitnah an einen Mitarbeiter verkauft und heute, nach meinen Informationen, wieder als Angestellter seine Brötchen verdient.

Das Ende stimmte mich dann doch etwas traurig, die Arbeit machte mir Spaß und auch den Kontakt zu den Fahrschülern empfand ich als eine große Bereicherung. So lernte ich in dieser Zeit die verschiedensten Menschen kennen und habe manches über sie erfahren.

Die Invalidenrentnerin Babsi, ein Karlshorster Urgestein. Sie war von kleinem Wuchs, konnte kaum auf normalem Wege über das Lenkrad schauen. Was ihr an Höhe fehlte, hatte der liebe Gott ihr in die Breite gelegt. Hunderte von Fahrstunden absolvierte sie dennoch mit Humor und ihrem Urberliner Charme, der sie so liebenswert machte. Oder der Polizist, der nun endlich Nägel mit Köpfen machen wollte und die mehrmals abgebrochene Fahrschulausbildung nachzuholen gedachte. Als Hundeausbilder hatte er gerade einen besonders schweren Fall übernommen. Einen Rottweiler, der für seine gefährlichen Übergriffe bekannt war. Respektvoll saß ich stets an meinem Schreibtisch, wenn er diesen bei seinen Besuchen im Schlepptau hatte. Fest davon überzeugt, dass er sich den Respekt des Tieres mit ganz persönlichen und speziellen Methoden, die ich nie verstand, gesichert hatte, wird er bald eines Besseren belehrt. Die schweren Verletzungen an Arm und Hand nimmt das Herrchen dann zum Anlass, sein Vorhaben, wieder auf unbestimmte Zeit zu verschieben.

Und nicht zuletzt: Nguyen Thi Hoa. Eine lustige vietnamesische Fahrschülerin, die mir auf ihre ganz unverwechselbare Art irgendwann erzählt, was sie damals in die DDR verschlug, welchen Schwierigkeiten sie gegenüberstand und wie ihre Kollegen sich, als sie schwanger wurde, dafür einsetzten, dass sie bleiben darf.

Eine Familiengründung von Vietnamesen in der DDR war, wie ich nun erfuhr und was mich sehr überraschte, nicht erwünscht und führte eigentlich zur Heimreise der werdenden Mutter. Mittlerweile hatte sie es auf zwei Kinder gebracht. Beide besuchten sehr erfolgreich das Gymnasium. In ihrem unverwechselbaren Dialekt erzählte sie mir dann: „Ich habe ihnen gesagt: Fleißiges Lernen, um sich eine gute Bildung anzueignen und damit irgendwann eine berufliche Karriere aufzubauen, ist eure große Chance. Die Alternative habt ihr ja bei unserem Besuch in Vietnam gesehen. Also entscheidet euch, es liegt in eurer Hand!“ Mich beeindruckte das zutiefst.

Was mich aber überraschte war die Tatsache, dass Menschen anderer Nationalitäten selbst aus Bruder- oder Schwesterländern in der DDR letztendlich strengsten Regeln unterlagen, was soziale Kontakte oder eine Integration, wenn auch auf Zeit, sehr erschwerte.

Aber warum war mir das nie aufgefallen? Mein ganz persönlicher Umgang mit Menschen anderer Herkunft und Kultur war stets unbefangen. Er stand viele Jahre unter dem Eindruck dieser persönlichen Erfahrungen aus meiner Zeit im Rundfunkchor Berlin und der Weltfestspiele von 1973.

Erinnerungen, die sich für mich gedanklich immer mit wunderbaren Menschen und Erlebnissen verbanden. Unsere Konzertreisen ins Ausland und die liebenswerten Gastfamilien, bei denen wir untergebracht waren. Oder die ausländischen Jugenddelegationen, denen wir in Prieros bei unserem Sommerlager begegneten. Die Weltfestspiele 1973 unvergesslich: Um den Ostbahnhof tobte der Bär. Die Jugend der Welt sang und tanzte gemeinsam auf den Straßen. Gleich bei uns um die Ecke die Delegationen aus dem Iran und so glaube ich mich zu erinnern, auch Irak. Die Stimmung am Abend war unbeschreiblich. Und auch wenn ich erst 13 Jahre alt war, meine Eltern ließen mich vollkommen unvoreingenommen teilhaben, wofür ich heute noch sehr dankbar bin.

Einige Zeit schrieb ich mich danach mit einem Salah R. aus dem Iran. Von ihm lernte ich damals: „saalam aleikum" „aleikum saalam" Friede sei mit euch –

Irgendwann blieb ein Brief unbeantwortet und ich fragte mich lange, ob er nun doch einem Krieg zum Opfer fiel. Heutige Erkenntnisse lassen mich aber wieder von Herzen hoffen, dass die Post vielleicht „nur" abgefangen wurde, um diesen Kontakt zu unterbinden.

Die Empfehlung

Aufgrund einer Empfehlung wird sich noch einmal eine Fahrschule Wittek, die auch eine Bürokraft suchte, bei mir melden. Zu diesem Zeitpunkt absolvierte ich aber bereits eine sogenannte Qualifizierungsmaßnahme, um eventuell vorhandene Wissensdefizite auszugleichen und meine Computerkenntnisse zu perfektionieren. Dennoch werden wir die Betreiber dieser Fahrschule bald persönlich kennenlernen. Manchmal ist es schon verrückt. Aber genau sie erwerben Haus und Grundstück neben uns und werden somit zu unseren direkten Nachbarn. Auch zu ihnen wird sich im Laufe der Jahre ein herzliches Verhältnis entwickeln und sie unsere drei Kinder zu gegebener Zeit erfolgreich durch die Führerscheinprüfung schaukeln. Auch wenn wir vieles aus unterschiedlicher Sicht betrachteten und es darüber auch die eine oder andere Diskussion gab, werden wir uns für die Ehrlichkeit, die wir im Miteinander walten ließen, stets achten.

Unsere Töchter

Die Kinder haben sich in der Schule gut eingelebt, neue Freundschaften geknüpft und sind wieder aktiv in verschiedenen Arbeitsgemeinschaften. Mandy fällt das Lernen leicht. Alles, was ihr sozusagen im Unterricht zufliegt und das ist zu diesem Zeitpunkt noch eine ganze Menge, stellt kein Problem dar. Aber was dann mit etwas Zeitaufwand erarbeitet werden muss, bleibt öfter mal auf der Strecke. So steht jahrelang in ihren Zeugnissen: „Mit mehr Konzentration und Ehrgeiz wäre sie zu noch besseren Leistungen befähigt." Ein Satz, den ich bereits aus meinen eigenen Beurteilungen sehr gut kannte.

Steffi dagegen braucht für alles etwas länger. Viele Dinge gilt es sich, mit Fleiß und Ehrgeiz zu erkämpfen. Da ich diese Unterschiede aus meiner eigenen Kindheit gut kannte und daraus den Schluss zog, ein Kind entsprechend seiner Fähigkeiten zu fördern, ohne aber zu über- oder unterfordern, reagierte ich bei beiden entsprechend unterschiedlich.

Mein Bestreben: Mandy zu mehr Eigeninitiative, Aufmerksamkeit und Ehrgeiz zu bewegen und Steffi mit Lob, auch wenn das Resultat dann nicht immer ganz wie erwartet ausfiel, zu bestärken. Ob das letztendlich der richtige Weg war, wage ich heute, in einer Zeit, in der so viele Eltern alles tun und zahlen, um bei ihrem Kind irgendeine Hochbegabung zu entdecken, nicht mehr zu sagen. Ich persönlich war glücklich mit meinen ganz normalen Kindern, mit ihren Stärken und Schwächen, die sie so liebenswert und einzigartig machten.

Eine lustige Episode möchte ich nicht unerwähnt lassen. Steffi neigte schon immer dazu, viel im Schlaf zu sprechen. Für alle, die einmal bei ihr übernachteten eine lustige Erfahrung, von der sie selbst am nächsten Morgen so gar nichts mehr weiß. In der Schule wurde gerade das Land Australien behandelt. Steffi, die bereits eingeschlafen war, kam aus ihrem Zimmer, rief laut: „Hurra, ich bin so glücklich, ich habe Australien entdeckt, hurra, hurra ich habe Australien, entdeckt!" So schnell, wie sie kam, war sie auch wieder verschwunden. Am nächsten Morgen wusste sie natürlich nichts mehr von ihrer großen Entdeckung.

Mandy und Steffi werden beide zu gegebener Zeit auf das Gymnasium wechseln und dabei vor den üblichen Problemen stehen. Dieser neue Bewertungsmaßstab und der damit oft verbundene Leistungsabfall. Mandy trägt ihn, wie so vieles, offenbar mit Humor. Steffi beginnt, sich aufzureiben. Sie lernt und lernt, ist mit dem folgenden Ergebnis wieder völlig unzufrieden und weint sehr viel. Wir versuchen, ihr die Anspannung zu nehmen. Leider sind wir dabei nicht sonderlich erfolgreich. Immer auf dem Standpunkt, dass Schule nicht nur Wissen vermitteln, sondern auch etwas Spaß machen sollte – der Ernst des Lebens begänne noch früh genug – empfinden wir die Situation irgendwann als untragbar. So schlagen wir Steffi einen Schulwechsel vor. Um diesen bereits vor Ablauf des Probehalbjahres durchzusetzen, mussten viele Instanzen durchlaufen werden.

Wir wählten danach das Modell der Gesamtschule, wollten ihr so alle Perspektiven offenhalten. Dieses Konzept, sicher grundsätzlich keine schlechte Idee, wird aber qualitativ immer von der Mischung der Schüler, ihrem Potenzial oder eben ihrer Lernbereitschaft abhängen. Die von uns dann – weil sie uns am nächsten lag – gewählte Schule, gehörte zum Stadtbezirk Köpenick. Einer Gegend, mit der sich für mich bis dahin persönlich wunderbare Erinnerungen verbanden. Hatte ich bis zu meinem 12. Lebensjahr genau in dieser Ecke gewohnt. Zu damaliger Zeit war dort das Werk für Fernsehelektronik und das Kabelwerk Oberspree angesiedelt und beide sorgten für ausreichend Arbeitsplätze. Von diesen ehemaligen Mitarbeitern war ein Großteil seit der Abwicklung dieser Betriebe wohl nie wieder in Arbeit gekommen und sicher mittlerweile von Perspektivlosigkeit zerfressen und zutiefst frustriert. Die weitere Folge: Geschäftspleiten, verwaiste, ja vernagelte Schaufenster, überall wohin man schaute. Jeder der die Möglichkeit hatte, versuchte die Gegend zu verlassen. Das brachte wieder leere und zerfallene Häuser. Vor den wenigen verbliebenen Kaufhallen – na gut – Supermärkten, traf man immer öfter diese Menschen, die ihr Schicksal wohl irgendwann im Alkohol ertränkten und ihm dann eines Tages vollkommen zum Opfer fielen.

Wenn ich natürlich auch die Frustration, Resignation und vielleicht sogar Mutlosigkeit vieler verstand, war es dennoch traurig mit anzusehen, dass ihnen dadurch leider auch ihre Kinder immer mehr entglitten und viele von ihnen durch diese vorgelebte Perspektivlosigkeit entsprechend demotiviert reagierten.

Ich erinnere mich an die erste und letzte Elternversammlung, die ich an dieser Schule besuchen werde. Die damalige Klassenlehrerin, eine sehr nette, sensible aber sicher nicht unbedingt mit der nötigen Durchsetzungskraft ausgestattete Lehrerin, wird im Laufe des Abends von einer Mutter immer wieder attackiert. Sie wird sich darüber beschweren, dass ihr Sohn für fehlende Hausaufgaben schlechte Noten erhielt, für Fehlstunden zur Verantwortung gezogen wurde und dass seine schulischen Leistungen rapide nachgelassen hätten, was natürlich ihrer Meinung nach in der alleinigen Verantwortung der Lehrer lag.

Ich von die Reaktion dieser Mutter mehr als überrascht, werde sie ansprechen: „Sein Sie mir bitte nicht böse. Ich bin ja das erste Mal hier, vielleicht habe ich Sie ja auch falsch verstanden. Aber finden Sie nicht, dass vieles von dem, was Sie hier den Lehrern in Bezug auf Ihren Sohn vorwerfen, in der Verantwortung der Eltern, also in Ihrer ganz persönlichen Verantwortung liegt?" Weiter kam ich nicht, denn diese Frau wird mich aufs Übelste beschimpfen und mir sogar Schläge androhen.

Die Lehrerin wird sich später bei mir bedanken und ich ihr entgegnen: „Bitte haben Sie Verständnis dafür, dass ich solchen Veranstaltungen nicht mehr beiwohnen werde, wenn es etwas zu besprechen gibt, lassen Sie uns bitte zukünftig telefonieren!" So hielten wir es dann auch.

Bis zum Schluss blieb ich eisern! Mein letzter Besuch in dieser Schule – die Zeugnisübergabe zu Steffis Schulabschluss im Jahre 1997 – Warum wir die Schule nach diesem Erlebnis nicht noch einmal wechselten??? Natürlich zogen wir es in Betracht aber einerseits hatten wir die Befürchtung, sozusagen vom Regen in die Traufe zu kommen andererseits lehnte Steffi dies damals entschieden ab.

Immer öfter fiel mir nun auf, dass gerade Menschen in solchen Situationen ihrer Verantwortung als Eltern nicht mehr gerecht wurden, vielleicht gar nicht konnten. Die Kinder waren dieser Trostlosigkeit ausgesetzt, auf sich allein gestellt und auch die Bemühungen der Lehrer werden nicht alle retten können.

Immer mehr junge Leute sieht man von nun an auf den Straßen herumlungern. Mit der typischen Frage: „Hast'e mal ein bisschen Kleingeld oder ne Zigarette?" Aus den verschiedensten Gründen hatten sie ihre Familien verlassen: Hilflosigkeit, Konflikte oder auch Schläge, die diesem Schritt oft vorausgingen. Nun befanden sie sich am Rande der Gesellschaft, noch perspektivloser als vielleicht sogar ihre Eltern, was mancher von ihnen mit Alkohol- und Drogenkonsum relativiert. Bei Gleichgesinnten finden sie

Halt aber keine wirkliche Hilfe. So begann sich zu diesem Zeitpunkt die Generation der ostdeutschen Straßenkids zu bilden und die Kinder vom Bahnhof Zoo bekamen Verstärkung.

Für uns galt es bald, Steffis seit frühester Kindheit bestehenden Herzenswunsch, als Krankenschwester zu arbeiten, in die Tat umzusetzen. Wir werden gemeinsam alle Hebel in Bewegung setzen, um diesen Traum wahr werden zu lassen.

Was uns dabei erst einmal auf die Füße fällt: Steffis Alter. Mit 6 Jahren eingeschult, wie wir jetzt erfahren, wohl unter diesen Umständen mittlerweile – leider – nicht einmal sitzen geblieben, hat sie nach der 10. Klasse gerade das 16. Lebensjahr vollendet. Eine Ausbildung zur Krankenschwester war aber auf Grund Bundesdeutscher Vorschriften erst mit Vollendung des 17. Lebensjahres möglich.

Was dann aber sehr wohl möglich war, ein einjähriges Praktikum. Steffi wird es im Krankenhaus Königin Elisabeth in Berlin-Lichtenberg absolvieren, wir dafür mit monatlich 150 DM in die Pflicht genommen. Der Grund lag ja auf der Hand, Steffi wurde mit Dienstkleidung ausgestattet. Dass sie dann täglich 8 Stunden mit Fleiß und großer Einsatzbereitschaft die Pfannen, Wäschewagen und Nachtschränke putzte fiel leider nicht entlastend ins Gewicht. Danach übernahm man sie aber nahtlos in die Ausbildung, was für alle ein Jackpot war und uns mehr als stolz machte.

Mandy wird weiter das Gymnasium besuchen, ohne rechte Vorstellungen davon, wie ihre Zukunft einmal aussehen soll. Ein Phänomen, das ich im Laufe der Zeit bei sehr vielen jungen Menschen ihres Jahrgangs beobachten musste.

Die Cosby Show in Karlshorst

In diesen Jahren der Veränderungen und Neuorientierung wuchs die Familie immer enger zusammen. Wir waren eine verschworene Truppe. Die Kinder, wenn natürlich auch zeitweilig lautstark miteinander gestritten wurde, füreinander da.

Regelmäßig gibt es bei uns den so beliebten Familienabend. Oft sagten wir dafür sogar Verabredungen mit Freunden ab. Meist Samstag wird der Tisch liebevoll mit Kerzen, Naschen und anderen Leckereien gedeckt oder unser so geliebtes Fondue vorbereitet und gemeinsam fiebern wir, unter einer Decke eingekuschelt, mit den Kandidaten einer Quizschau oder schauen uns einen tollen Film an.

Einen Abend werde ich nie vergessen: Mandy, damals wohl knapp 15 Jahre alt, wird sich fest an mich kuscheln: „Mutti, ich will niiiiiiemals erwachsen werden."

Nur kurze Zeit später lernt sie ihren ersten „richtigen" Freund kennen und bestand von nun an darauf, erwachsen zu sein.

Natürlich galt es auch bei uns, diese anstrengende Zeit der Pubertät zu überstehen. Bei Mandy gestaltete sich diese unauffällig und unkompliziert. Sie wird weder opponieren noch diskutieren. Stets war ihre Antwort: „In Ordnung Mutti!" Wenn auch, wie ich aber erst viel später durchschauen werde, da schon so einiges im Argen lag.

Steffi dagegen beginnt schon sehr früh damit, ihre Möglichkeiten und Grenzen auszutesten. Sie, zwei Jahre jünger als ihre Schwester, wird nun gewisse Zugeständnisse unsererseits für Mandy, zeitnah auch für sich einfordern. Eigentlich als Einzige von unseren dreien schon als Kleinkind ab und an von einem Böckchen geschüttelt, laut Erzählungen der Großeltern wohl ein Erbe vom Vater, wechseln ihre Launen, wie das Wetter. So geraten wir zeitweilig wirklich an unsere Grenzen und ich erinnere mich dabei an ein Schlüsselerlebnis.

Wie jeden Abend saßen wir gemeinsam am Abendbrottisch. Dabei auch ihr damaliger Freund Enrico. Ein sympathischer Junge, der unseren Humor teilen konnte und immer wieder sagen wird, sich bei uns vorzukommen, wie bei den Cosbys, einer damals sehr populären Fernsehfamilie aus den USA. Er selbst eher aus zerrütteten Verhältnissen stammend: mit einem Stiefvater, zu dem er nie einen Draht fand und einer Mutter, die seinen Eskapaden nichts entgegenzusetzen hatte. Viele Jahre später, er mittlerweile selbst bereits Vater, werden wir uns – wie soll es anders sein – im Internet wiederfinden. Dort bedankt er sich bei mir für den Halt, die Aufmerksamkeit und Herzlichkeit, die er bei uns empfand, die ihn auffing und durch eine schwere Zeit trug. Das berührte mich wirklich zutiefst.

Aber zurück zu unserer pubertierenden Tochter. Sie fordert nun lautstark seine Übernachtung bei uns ein. Ich werde mit ihr, um das unter vier Augen zu besprechen, die Küche verlassen. Im Arbeitszimmer eskaliert die Situation. Sie streitet und provoziert. Ich bitte sie nochmals, vernünftig zu reden: „Na, ich sehe doch, dass du mir eine knallen willst. Nun hau doch schon zu, mach doch, mach doch...!“... und ich machte ... Danach fühlte ich mich unendlich leer und schuldig, war bei uns eigentlich diese Art der Züchtigung vollkommen tabu. Steffi, die ihre Pubertät auskostet ja lebt, wird glücklicherweise endlich als alles was in dieser Zeit einen Purzelbaum schlägt, langsam zur Ruhe kommt, ihren Frieden finden und damit auch wir.

Zum 18. Geburtstag bekommen beide von uns einen ganz persönlichen Videofilm mit all unseren Gedanken und Wünschen. Bernd, der Schwiegervater meines Bruders, hatte bereits diese technischen Möglichkeiten und deshalb unsere Vorstellungen entsprechend umgesetzt. Bei Danny wird es zu gegebener Zeit dann leider „nur" zu einem Gedicht reichen.

Was ich damals vollkommen unterschätzte war dieses Problem des Sandwichkindes. Ein Phänomen, das mir von vielen mittlerweile bestätigt wurde. Nicht das erste und nicht das letzte Kind, weder Fisch noch Fleisch, fühlen sich diese Kinder oft nicht genug anerkannt, bestätigt und leider manchmal sogar weniger geliebt. Auch wir wurden damit irgendwann konfrontiert: „Papa wollte doch bestimmt als Zweites einen Jungen haben, oder?" war Steffis Frage bereits als 5 oder 6 Jährige. Mein: „Nein, es war uns wirklich völlig egal" ist wohl nie wirklich angekommen.

Hätte ich damals die Tragweite dieser Frage und das Sandwich-Problem vielleicht ernster nehmen sollen? Ich kann es nicht genau sagen, weiß nur, dass Eltern wohl deutlich seltener in Sandwichschubladen denken oder bewusst handeln, als die betroffenen Kinder es für sich empfinden. Lange habe ich nachgedacht, warum das so ist. Vielleicht liegt es daran, dass Eltern beim zweiten Kind entspannter reagieren, weil sie bereits entsprechende Erfahrungen sammeln konnten und dies als fehlende Aufmerksamkeit empfunden wird. So kann ich nur von mir selbst reden. Vielleicht musste ich von Kind zu Kind die Zeit teilen. Aber die Liebe potenzierte sich.

Der Traum, der auf vier Pfoten kam

Na ja, eigentlich war es ja nur der Traum von den Kindern und mir. Was Dirk, bevor er sich mit ihr dann auf den Weg machen wird, immer wieder nachdrücklich betonte. Als wir sie das erste Mal besuchen, ähnelt sie wohl eher einem Hängebauchschweinchen – als wir sie abholen, ist sie ein wunderschöner Schäferhundwelpe mit riesigen Tatzen. Queen vom Münsterberg, die sich mit Danny den 26. Juli als Geburtstag teilte und uns 13 Jahre treu begleitet. Auch wenn wir wohl bei ihrer Erziehung alles falsch machten, was man falsch machen kann, sie niemals lernen wird, vernünftig Fuß zu laufen und auch andere Hunde nicht sonderlich mag, wird sie uns und den Kindern bis zum letzten Tag in Liebe ergeben sein. Viele lustige Geschichten gibt es aus dieser Zeit zu berichten:

Endlich hatten wir es geschafft! Unser Garten nimmt, zwar langsam aber dennoch sicher, Gestalt an. Die Flächen waren geebnet, die ersten Grashälmchen begannen zu sprießen, die Tuja-Hecke und zwei Rosenbäumchen waren liebevoll gepflanzt. Mal wieder hieß es Wochenendeinkauf. Das war an jedem Donnerstag eine Zeremonie. Die ganze Familie machte sich gemeinsam auf den Weg. Das meiste Geld wurde bei uns, so kann man sagen, verfressen. Darum waren wir natürlich stets auf der Suche nach Sonderangeboten, testeten über Jahre die verschiedensten Anbieter. So auch an diesem Donnerstag. Stolz kehrten wir mit dem erworbenen Wochenvorrat heim. Jedes Kind einen Beutel in der Hand kommt Queen ihnen bereits schwanzwedelnd entgegen. Auch das Anspringen, was dann folgt, konnten wir ihr bis zum Schluss nur bedingt abtrainieren. Aber daran hatten wir alle uns fast schon gewöhnt. Viel schlimmer war der Anblick unseres Gartens. Man hätte denken können, dass in unserer Abwesenheit ein paar Bomben eingeschlagen hätten. Ein Krater neben dem anderen, die herausgerissenen Heckenpflanzen dazwischen verstreut und von den Rosenbäumchen hingen die Kronen traurig abgeknickt hinab. Ich musste Dirk in diesem Moment aus Sicherheitsgründen, erst einmal beiseite nehmen. Froh darüber, dass er kein Waffenträger war. Ich weiß wirklich nicht, ob unsere Queeny das sonst überlebt hätte. So mussten wir uns unbedingt etwas einfallen lassen, um das Leben von Hund und Garten auf Dauer zu retten. Es wurden nun Zäune gezogen, die ihr den Zutritt in entsprechende Teile des Grundstücks in unserer Abwesenheit unmöglich machten. Dennoch gibt es im Laufe der Jahre dann und wann immer wieder irgendwo ein Kraterchen. Später wird Kessy, eine lustige und liebenswerte Westyhündin, unsere Familie komplettieren und die beiden Mädchen bilden ein tolles Team. Leider stirbt sie mit nur 7 Jahren an Krebs. Am 27. März 1996 beglückt uns Queen mit 7 gesunden Welpen. Das achte Baby, von mir noch minutenlang beatmet, wird es leider nicht schaffen. Die kommenden acht Wochen werden spannend und arbeitsintensiv. Ich bin irgendwann überglücklich, gerade arbeitslos zu sein.

Alle Babys sind zwar schwarz, ähneln ansonsten aber eher ihrem Vater, einem Golden Retriever aus der Nachbarschaft. Die ersten drei Wochen gestalten sich harmonisch. Da wir keinen Zwinger besitzen, steht die Wurfkiste im Eingangsbereich, direkt neben unserer Schlafzimmertür. Dort liegen die Kleinen, anfangs noch trügerisch ruhig und mit geschlossenen Augen. Jeden Tag wird die Kiste von den Kindern liebevoll betreut und mit neuen Decken und Laken bestückt. Die Kleinen entwickeln sich prächtig, nehmen gut zu und öffnen irgendwann ihre Äuglein. Damit begann dann die neue Zeitrechnung. Nur noch kurze Zeit wird es dauern, bis sie über den Rand ihrer Kiste klettern und sich auf den Weg machen, ihre Umgebung zu erkunden. Natürlich waren sie noch nicht stubenrein. Bei sieben Welpen mit einem sehr gesunden Stoffwechsel, im wahrsten Sinne des Wortes, kein Zuckerschlecken. Schnell musste also eine neue Lösung her, damit wir nicht jeden Morgen ins Glück traten. So wird der Keller von uns entsprechend für sie hergerichtet und den Rest der Zeit zu ihrem neuen Ställchen. Ich war mit den Rackern tagsüber im Garten und abends ging es eben ab in ihr neues Ställchen. Die Kleinen werden von Tag zu Tag lebhafter, machen sich bereits auf größere Erkundungstouren. Keine Möglichkeit das Grundstück irgendwie zu verlassen, blieb von ihnen unentdeckt. So mussten zusätzlich weitere Sicherungsmaßnahmen ergriffen werden. Alle Türen und Tore, im wahrsten Sinne des Wortes verriegelt und verrammelt, sah man Dirk nun morgens geschniegelt und gestriegelt in Anzug und mit Aktenkoffer über den Zaun steigen, um den Hochsicherheitstrakt nicht zu zerstören. Unser Garten wurde von allen intensiv genutzt. Nicht nur ein Welpe hatte diese Freude am Graben von seiner Mama geerbt. Wir werden für sie zu gegebener Zeit ein zu Hause finden und sie sich dort zu wunderschönen, riesigen und treuen Mitgliedern ihrer neuen Familien entwickeln.

Wenn wir diese Erfahrung auch niemals missen möchten, sorgten wir von da an für eine sichere Verhütung.

Der Charly, der den Rüdi brachte

Natürlich hatten wir im Laufe der Jahre auch ein paar Kätzchen oder Katerchen. Der Erste: Charly! Ein zuckersüßer, silbergrau getigerter Kerl.

Wenn er sich nicht auf unserem Sofa breitmacht, ist er den ganzen Tag damit beschäftigt, die neuen Nachbarn kennenzulernen, ihre Wohnungen und entsprechende Futterquellen zu erkunden. So lernen wir durch unseren Charly auch ihn zum ersten Mal kennen: Rüdiger, ein Nachbar, der ihn jedes Mal geduldig zurückbringt, nachdem er sich über die Näpfchen seiner Katzen hergemacht hat.

Man kommt ins Gespräch und ich sehe, dass seine Frau schwanger ist. Zur Geburt ihres zweiten Sohnes schenken wir den beiden einen Wochensatz Lätzchen. Nicht ahnend, dass diese Geste der Beginn einer langjährigen Freundschaft ist. Ganz unbefangen laden sie uns nun auf ein Bier ein. Bei ihnen werden wir weitere Nachbarn und Bekannte kennenlernen, mit denen uns bis heute wunderbare Erlebnisse verbinden, auf die wir gern zurückschauen.

Natürlich, sonst würde ich lügen, gab es im Laufe der Jahre dann und wann auch Meinungsverschiedenheiten und diese menschlichen Kontroversen, die zeitweilig für die eine oder andere Funkstille sorgten.

Aber immer wieder fanden wir zusammen. Denn uns alle verbindet diese Gabe, zu lachen, manchmal, bis der Arzt kommt, sich für keinen Spaß zu schade zu sein aber auch zuzuhören, Miteinander und füreinander zu weinen und im Ernstfall mit Rat und Tat da zu sein.

Rüdiger, genannt Rüdi! Er wird sich zum Computerfachmann entwickeln, stets für uns einsatzbereit. Seine eigenen – oder besser wohl Sabrinas Bedürfnisse – zum Beispiel die Fertigstellung des vor 6 Jahren begonnenen Badprojektes, schnell hinten anstellen. Daraus wird bei uns ein Lied entstehen, das an Aktualität immer noch nichts verloren hat:

„Lebt denn der alte Rüdiger noch, Rüdiger noch, Rüdiger noch, Rüdiger noch? Ja, er lebt noch, er lebt noch, er lebt noch. Ja, er lebt noch und baut noch sein Bad."

Sabrina, eine Tiernärrin, wobei es ihr die Pferde besonders angetan haben, übernimmt jederzeit das Sitten der bedürftigen Nachbarstiere.

Sie wird uns als wunderbare Gastgeberin bis heute stets liebevoll bewirten. Ihr kleines Problem, manchmal ist ihr Mund ganz einfach schneller als Kopf oder Herz ihm Einhalt gebieten können.

Auch sie wurden vom Schicksal geschlagen. Ihr großer Sohn Mike, durch einen Zeckenbiss mit zwei Jahren schwer erkrankt. Seitdem geistig behindert und auf Hilfe angewiesen und irgendwann die Gewissheit, dass auch ihr „Zweitgeborener" auf Grund seiner ADHS-Erkrankung einen steinigeren Weg vor sich hat, als andere Kinder. Sabrina wird dadurch über viele Jahre in dieser Verantwortung stehen und Rüdiger so zum Alleinverdiener. Auch wenn das sicher nicht einfach war und manches ihnen dadurch versagt blieb, schafften sie sich immer ihr ganz persönliches Stück Glück, das sie gern auch teilten.

Mike, der seinen „Dirki" schnell ins Herz schließt, wird sich im Laufe der Jahre prächtig weiterentwickeln. Daran, so denke ich, haben auch Sabrinas Eltern, die ihm von Anfang an liebevolle Großeltern sind, einen ganz erheblichen Anteil.

Irgendwann wird Sabrina eine Tätigkeit finden, die sie mit ihren Betreuungsaufgaben vereinbaren konnte.

Auch Patrick wird, immer mit Höhen und Tiefen, seinen Weg meistern, eine Ausbildung zum Heizungselektroniker sehr erfolgreich beenden und in dieser Zeit erfahren, dass er zu den „Hochbegabten" gehört. Ein Aspekt, der von Rüdiger und Sabrina erst einmal verarbeitet werden musste. Ich kann mich noch genau an ihren aufgeregten, ja fast verzweifelten Anruf erinnern: „Stell dir mal vor, man hat Tests mit Patrick gemacht und nun festgestellt, dass er hochbegabt ist. Besonders in Mathematik und Physik. Was mach ich denn nun?"

Ich musste schmunzeln: „Na das ist ja wirklich eine Überraschung, wer hätte gedacht, dass ihr beide ein hochbegabtes Kind bekommt??? Aber auch ein blindes Huhn findet eben mal ein Korn, oder???" Da musste auch sie wieder lachen und der Wind war ihr etwas aus den Segeln genommen. Bei Sabrina und Rüdiger lernen wir dann auch unser direktes Gegenüber kennen. Kerstin und Jochen. Was uns schnell verband, dieser ähnliche Humor, wir nehmen uns bei Scherzen nicht allzu wichtig, können jederzeit über uns selbst lachen und vorurteilsfrei miteinander umgehen.

Kerstin arbeitet anfangs noch als Sekretärin beim Rundfunk, nur einen Katzensprung von uns entfernt. Natürlich stand auch er dann zur Disposition und wurde letztendlich abgewickelt. Über Jahre träumte dieses riesige Areal – direkt an der Spree – mit fantastischen Aufnahmestudios dann ungenutzt vor sich hin, bis ein Investor es zum Schnäppchenpreis erwarb.

Kerstin gehörte zu denen, die – wie man so schön sagte – damals als Letzte das Licht ausmachten. Noch heute sehe ich sie in Gedanken von der Arbeit kommen: mit ihrer gefleckten Felljacke, deren Anblick, sorry liebe Kerstin, mich immer an eine Kuh denken ließ. Ich betone, die Jacke! ...

Jochen kam, wie viele seiner ehemaligen

Kollegen, nach dem Ende seiner Tätigkeit als Busfahrer bei den Berliner Verkehrsbetrieben (BVB) unter. Als diese von der Berliner Verkehrsgesellschaft (BVG) übernommen wurden und die Überprüfungen der Mitarbeiter begannen, endete dieser Weg. Er, der noch heute behaupten wird, erst am Tage seiner Entlassung erfahren zu haben, dass er bei den bewaffneten Organen tätig war: „Ihr könnt euch gar nicht vorstellen, wie geschockt ich war, als ich davon erfuhr. Schön herein gelegt haben die mich. Aber es stand da ja schwarz auf weiß, so musste es wohl stimmen." Diese Geschichte kann er so überzeugend zum Besten geben, dass man sich dabei ertappt, sie wirklich glauben zu wollen, wenn man es eben nicht besser wüsste.

Besonders amüsant waren die Geschichten aus seiner Zeit als Busfahrer. Die Strecken, die ständig wechselten, die überraschten Fahrgäste, wenn er mal wieder völlig unwissend einen ganz anderen Weg einschlug, als erwartet. Seine dafür sehr einfallsreichen Erklärungen oder die Momente, wenn sie ihm sagen mussten, wo es überhaupt lang geht.

Jochen, der danach eine Umschulung zum Speditionskaufmann absolviert, wird sich irgendwann mit dem Vertrieb von Fenstern und Türen recht erfolgreich selbstständig machen. Wir werden im Laufe der Jahre viele humorvolle und beeindruckende Erlebnisse miteinander teilen, irgendwann unsere gemeinsame Liebe für Thailand entdecken.

So entwickelt sich wieder ein verlässlicher Freundes- und Bekanntenkreis, der uns durch manche Irrung und Wirrung der Zeit trug. Ich bin fest davon überzeugt, dass auch dies stets der Grund für unser glückliches Leben war. So viele brachen ihre Zelte im Laufe der Jahre ab, zogen sich zurück, wurden so alt, wie sie waren oder noch älter und vereinsamten. Wir hingegen genossen diese Kontakte, ja suchten sie, bewahrten uns immer dieses Stück Verrücktheit und wurden dafür mit unvergesslichen Erlebnissen und Erinnerungen belohnt, von denen wir dann letztendlich in unseren schweren Zeiten zehrten.

Über den einen oder das andere werde natürlich noch etwas ausführlicher berichten. Zum Beispiel über das Quartett: Petra, Norbert, Tilo und Heike. Diese Vier trennt und verbindet eine ganz besondere Geschichte. Viele Jahre waren Petra und Tilo ein glückliches Paar und für Petras Kinder liebevolle Eltern. Doch eines Tages spüren sie schmerzlich, dass ihre Liebe irgendwann auf der Strecke blieb, sie schon lange eher wie Bruder und Schwester lebten. Petra wird bei einem Hundespaziergang Norbert kennenlernen und sich bald zu ihm hingezogen fühlen. Es folgen die Trennung und der Neuanfang für alle. Was ich stets bewunderte, war dieser Umgang miteinander. Petra zog zu Norbert, nur einen Katzensprung entfernt. Dafür gab sie einiges auf, gewann aber die Liebe ihres Lebens. Mittlerweile sind die beiden ein Ehepaar und sehr glücklich. Tilo fand seine Heike, natürlich zog auch sie mit ihrer Tochter dann irgendwann zu ihm. Seitdem finden sie sich bei Familienfeiern an einem Tisch ein, fahren auch gemeinsam in den Urlaub und pflegen, was so vielen nach so einem Schritt nicht gelingt, auch alle Freundschaften in diesem Rahmen. So galt es für niemanden, aufgrund der Trennung, auf einen lieben Menschen verzichten zu müssen und auch den Freunden blieb dadurch eine einseitige Positionierung erspart.

Opa Karl-Heinz

Was uns persönlich sehr betroffen machte, war das Schicksal unserer Väter. Ich bin davon überzeugt, dass jeder von ihnen auf seine ganz spezielle Art und Weise ehrlichen Herzens gelebt und gehandelt hat, auch wenn vieles danach in einem völlig anderen Licht erschien.

Mein Schwiegervater zog seine ganz persönlichen Konsequenzen aus den politischen Veränderungen und kündigte seine Tätigkeit bei den bewaffneten Organen ganz einfach mit sich selbst, in dem er von einem Tag zum anderen zu Hause blieb. Natürlich schloss seine Vergangenheit eine Einsatzmöglichkeit entsprechend seiner Qualifizierungen als Diplomjuríst aus, hatte er dieses Diplom ja nun für einen Unrechtsstaat erworben, sich in den vergangenen Jahren für diesen entsprechend engagiert und war damit mittlerweile zu einem Täter geworden.

So war er einige Zeit, wenn ich es recht in Erinnerung habe, als Hausmeister an der Akademie der Wissenschaften tätig. Danach trug er viele Jahre Zeitungen aus oder verdingte sich als Hausmeister bei verschiedenen Hausverwaltungen. Dabei kamen ihm seine handwerklichen Fähigkeiten und sein ursprünglicher Beruf als Elektriker sehr zugute. All diese Aufgaben erfüllte er immer mit großer Einsatzbereitschaft und dem entsprechenden Pflichtbewusstsein.

Ich denke, diese Generation traf es besonders hart. In den Zeiten des Faschismus zur Welt gekommen, vieles dadurch bewusst verinnerlicht und entsprechende Schlüsse gezogen, wurde ihr Leben nun vollkommen infrage gestellt.

Vielleicht werden sich manche darum auch schwer tun diese Dinge, die sich in der DDR im Laufe der Jahre leider verselbstständigten und letztendlich zu diesem Ende führten, zu akzeptieren.

Auch wenn wir bereits zu dieser Generation gehörten die begann, sich nicht an alle Regeln zu halten, einen persönlichen Weg zu suchen, dabei Nischen zu nutzen und wenn auch zaghaft, manch kritische Fragen aufzuwerfen, war es auch für uns ein schwieriger Weg. Dieses Land war unsere Heimat, mit der wir eine glückliche Kindheit, Jugend und dieses Gefühl der Sicherheit und Geborgenheit verbanden. Viele Ideale aus dieser Zeit prägen uns bis heute. So verspürte auch ich diesen Stich im Herzen, wenn die DDR ausschließlich als Unrechtsstaat und Diktatur in ein einseitiges Licht gerückt wird. Eine Pauschalisierung, durch die so viele ehrliche und von Herzen gelebte Biografien leider allzu oft ins Zwielicht gerieten.

Was mich aber wirklich riesig freut: immer mehr Menschen sind offenen Herzens, mehr über diese Zeit und ihre Vielfältigkeit zu erfahren.

Voneinander mehr zu wissen bedeutet Kennenlernen und Nähe, um auf der sprichwörtlichen Brücke weiter aufeinander zuzugehen. Ich denke, eine Bereicherung für uns alle.

Opi Manni

Bei meinem Vater gestaltet sich der Übergang erst einmal nahtlos. Noch immer leitete er das Zentrale Handelsunternehmen Delikat als Generaldirektor. Kurze Zeit später wird es in die Feiko GmbH umgewandelt und er nun als Geschäftsführer fungieren.

Schnell bemerkte ich einige Veränderungen an ihm, die mich verwundern. Er begann eine Mauer um sich aufzubauen, ließ immer weniger Menschen an sich heran. Sein allseits beliebter und berühmter Spruch: „Mein Leben heißt Kampf!", den er im Laufe der Jahre stets humorvoll zum Besten gab, bekam nun eine ganz andere Bedeutung. Diese Umgänglichkeit, die ihn für viele so liebenswert machte, war kaum noch zu spüren.

Selbst bei Familienfeiern war er häufig gereizt, provozierend und es kam leider auch vor, dass ich ihn dann des Hauses verweisen musste, um eine Eskalation zu verhindern. Was er aber nicht verloren hatte, war diese Gabe, sich sehr herzlich zu entschuldigen. Nach so einem Ereignis stand er prompt am nächsten Tag vor der Tür und leistete Abbitte, was mich immer wieder in Liebe versöhnte.

Dennoch verstand ich die Welt nicht mehr. Was war nur los mit ihm? Litt er unter sogenannten Höhenflügen, weil „seine" Feiko GmbH, so jedenfalls meine Erkenntnisse, auf dem Weg war, sich erfolgreich zu etablieren oder gab es Gründe, die ich nicht kannte?

Besonders ehemalige Mitarbeiter der bewaffneten Organe aus dem Familien-, Freundes- und Bekanntenkreis nahm er plötzlich ins Visier oder verbal aufs Korn und mir warf sich die Frage auf, ob seine Frustration doch viel tiefer saß, als wir je dachten???

Heute denke ich, es war eine Mischung aus allem, sein ganz persönlicher Verarbeitungsprozess. Sicher war es anfangs dieser feste Glaube, ja vielleicht sogar Triumph, endlich mit den Erfahrungen und seinem Wissen punkten zu können, sich einzubringen und erfolgreich tätig zu sein, was sich auf längere Sicht als großer Irrtum erwies. Aber da gab es auch ein paar Erlebnisse, von denen wir erst später erfuhren. Mehrmals soll mein Vater im Visier der Stasi gestanden haben, von ihnen immer mit ganz persönlichen Informationen konfrontiert, er vermutete diesen Informanten im allerengsten Kreis. Ein besonders einschneidendes Erlebnis – seine letzte Geburtstagsfeier in diesem Rahmen! – Ich weiß nicht genau wer seine Gäste waren, kann es im Nachhinein nur erahnen oder wiedergeben, was er uns später darüber erzählte: Man feierte zu Hause und war bester Dinge. Irgendwann wird man auf die verhängnisvolle Idee kommen, die Posten der DDR-Regierung je nach Qualifikation unter den Gästen zu verteilen. Mein Vater wird dies schriftlich festhalten, um so dem Scherz mehr Nachdruck zu verleihen. Nur kurze Zeit später wird er vorgeladen und genau diese Aufzeichnungen, seiner Meinung nach schon lange im Müll, werden ihm nun im Original präsentiert. Das war ein harter Schlag und erschütterte sein Vertrauen zutiefst und auf Dauer. Er sprach von persönlichen Folgen, wird diese aber nie detailliert beschreiben.

Irgendwann stellt man ihm, so wie einem Großteil ehemaliger DDR-Unternehmen, von der Treuhand einen Verwalter zur Seite und nur kurze Zeit später wird er, völlig unvorbereitet, fristlos des Hauses der Feiko GmbH verwiesen. Nach meinen Erkenntnissen hatte sich ein Teil der Belegschaft aufgrund der befürchteten Reduzierung des Personalbestandes entsprechend engagiert. Natürlich nicht ahnend, dass damit auch ihr Ende eingeläutet wurde. Trotz „Schwarzer Zahlen" und Erfolg versprechender Perspektive wird die Feiko zeitnah abgewickelt. Für meinen Vater keine Genugtuung, im Gegenteil.

Einige Zeit später sind wir gemeinsam auf dem Berliner Weihnachtsmarkt. Dort entdeckt er eine ehemalige Mitarbeiterin, die in eisiger Kälte Parfüm feilbietet. Er spricht sie an, um zu erfahren, wie es ihr erging. Sie wird bekunden wie leid ihr täte, was damals mit ihm geschah. Sie wünschen sich Glück und Kraft für die Zukunft. Auch wenn ihn dieses Gespräch etwas mit dem Schicksal versöhnte, niemals wird er sich wirklich von diesem Tiefschlag erholen. Immer mehr zog er sich zurück, brach die wohl letzten freundschaftlichen Kontakte ab, lehnte die sich ihm auf Grund seiner großen Erfahrungen bietenden Einsatzmöglichkeiten ab und trank mehr als jemals zuvor.

Irgendwann wird bei ihm Leberzirrhose diagnostiziert. Auch wenn er von dieser Minute an fast 10 Jahre nicht mehr einen Tropfen Alkohol zu sich nahm, begann wohl spätestens an diesem Tag sein ganz persönlicher Sterbeprozess, der sich am 21. Juni 2000 vollenden wird. Nach Jahren des persönlichen und emotionalen „Auf" und „Ab", zwar immer noch für alle Kinder und Enkel der Fels in der Brandungaber dennoch so denke ich heute, niemals wieder wirklich ganz glücklich, steckt er im Sommer 1999 auf.

Er wird bei einem letzten gemeinsamen Urlaub wieder, für uns völlig überraschend, kurzzeitig dem Bier zusprechen und nach der Rückkehr die Gewissheit äußern, seinen letzten Urlaub erlebt zu haben. Den alljährlichen Kontrolluntersuchungen werden nun Krankenhausaufenthalte folgen und wir hoffen, dass die in Aussicht gestellte Transplantation ihn bald aus diesem Tief retten kann.

Immer wieder muss sie aber, wie er uns versichert, verschoben werden. Sein Zustand verschlechtert sich rasant, ich rufe in meiner Verzweiflung seinen Professor B. an und möchte Informationen: „Frau Böckmann, ich verstoße hier eigentlich gegen meine Schweigepflicht aber ich kenne Ihren Vater nun schon so lange, dass ich denke, in seinem und Ihrem Sinne richtig zu handeln. Ihr Vater wird keine Leber mehr bekommen. So leid es mir tut, ich hätte Ihnen gern etwas anderes gesagt." Dann an einem Sonntag Anfang Juni klingelt unser Telefon: „Dirki, ich halte es nicht mehr aus, bring mich bitte ins Krankenhaus!" Dirk wird mit ihm zuerst in das Krankenhaus Königin Elisabeth fahren. Warum? Wohl weil unsere Steffi dort ihre Ausbildung absolvierte. Man weist sie dort aber kurz und schmerzlos ab. Verzweifelt rufen wir wieder den Professor B. an, der für uns den Kontakt zum Unfallkrankenhaus Marzahn (UKB) herstellt. Dort wird man ihn dann aufnehmen, behandeln und die Schmerzen werden irgendwann erträglich. Natürlich schließe ich die Augen vor der Realität und klammere mich an diesen Strohhalm Hoffnung, dass alles noch einmal irgendwie gut wird. Wenigstens eine gewisse Zeit. Aber dieser Halm ist dünn und wird beim folgenden Arztgespräch vor meinen Augen zerbrochen: „Sie wissen, was ihr Vater hat und sie wissen, wovon so etwas kommt???" Ich fragte den Arzt: „Wollen Sie mir damit sagen, dass er selbst schuld ist und dieses Ende also redlich verdient hat? Und selbst wenn, was kann ich dafür, ich bin eine Tochter, die um das Leben ihres Vaters bangt und möchte von Ihnen Informationen über unsere Chancen."

Danach wurde das Gespräch etwas freundlicher aber nicht hoffnungsvoller: „Wir können ihrem Vater die Schmerzen nehmen aber wir können ihm nicht auf Dauer helfen. Seine Nieren versagen bereits und er ist nicht für die Dialyse geeignet. Ich möchte Ihnen damit sagen, dass wir ihnen hier die Möglichkeit geben, Abschied zu nehmen aber mehr können wir leider nicht tun!" Als ich in sein Zimmer kam, fragte mein Vater mich: „Und Eli komme ich hier noch mal raus?" „Na klar Papi, wenn du mithilfst und tust, was die Ärzte sagen!" Er sah mir in die Augen und sagte:

„Pass bitte auf deine Mutter auf!" Ein paar Tage später ist mein Vater kaum ansprechbar und wird auf die Intensivstation verlegt, dort dann doch noch einmal an ein Dauerdialysegerät angeschlossen. Jeden Tag besuchen wir ihn, meist im Wechsel mit der Familie meines Bruders und meiner Mutti.

Mein großes Glück zu dieser Zeit, Herr H. ein sehr verständnisvoller Chef, der mich, als er von allem erfuhr, sofort nach Hause schickte und erst zurück erwartete, wenn „alles" überstanden und verarbeitet war. Dafür bin ich ihm auch heute noch unendlich dankbar.

Die von der versagenden Leber freigesetzten Giftstoffe sorgen bereits für eine gewisse Verwirrtheit und Halluzinationen. So erzählt er uns von einem Mord, den er beobachtet hat oder seinem Bettnachbarn, der von Würmern zerfressen wird. Bei einem weiteren Besuch wird er von mir nachdrücklich verlangen, ihn sofort mit nach Hause zu nehmen: „Herr Pfleger, das ist meine Tochter und die wird mich heute auf jeden Fall mitnehmen, in diesem Hause ist nicht mehr für meine persönliche Sicherheit gesorgt!" Wenn uns das auf der einen Seite auch ein Schmunzeln entlockte, war es andererseits ganz schwer, ihn zu vertrösten. Bis zum letzten Tag sprach er davon, „danach" bei uns zu leben.

Es ist der 21. Juni 2000! An diesem Tag habe ich mir vorgenommen, eine Auszeit nehmen und den Krankenhausbesuch erstmals auf den folgenden Tag verschoben. Dirk wird nach der Arbeit Rasen mähen, ich mich mit anderen Aufgaben ablenken.

Irgendwann spüre ich Unruhe in mir aufsteigen: „Dirk ich weiß nicht, lass uns bitte doch ins Krankenhaus fahren!" Dort angekommen hatte, wie man uns nun sagt, der Sterbeprozess bereits begonnen. Obwohl ich immer wieder darum bat, wurden wir darüber von niemandem telefonisch unterrichtet. So blieb uns nur noch seine Hand zu halten, uns neben ihn zu legen, ihn zu streicheln, mit ihm zu reden, zu reden und zu reden, viele Stunden lang. Ich hoffe von Herzen, er konnte wenigstens etwas davon noch hören und mit auf den letzten Weg nehmen. Wir werden in dieser Zeit von den diensthabenden Schwestern und Pflegern liebevoll betreut. Dann der Moment, dieser Strich auf dem Monitor, der Blick und das Nicken der herbeigeeilten Ärztin, Papi war tot. Er wurde 64 Jahre alt und wir vermissen ihn alle von ganzem Herzen. Sein Tod riss eine Lücke, die niemals geschlossen werden kann. Auch wenn ich mich mit ihm in den vergangenen Jahren bei Meinungsverschiedenheiten stritt und rieb, erzeugte genau das eine besondere Wärme zwischen uns. Wir waren uns so ähnlich, hielten beide nie hinter den Berg, was manchmal Fluch aber eben auch sehr oft unser ganz persönlicher Segen war.

Am 27. Juni 2000 werden wir seine Mutter, unsere Oma Lieschen beerdigen, einen Kranz mit der Aufschrift: „In Liebe, dein Sohn Manfred" an ihr Grab legen, und den Schmerz in uns tragen, dass er ihr bereits gefolgt war.

In dieser Zeit werde ich mein Armband, ein Geschenk meines Vaters, vermissen. Neben meinem Trauring eines der wenigen Schmuckstücke, das ich täglich trug. Verzweifelt werde ich danach suchen, selbst Säcke mit Gartenabfällen durchfrosten, das Armband bleibt verschwunden. Bis zum 24. März 2001, dem Morgen nach meinem 41. Geburtstag. Ich bin gerade dabei, das Frühstück vorzubereiten. Da ist, als sagte jemand zu mir: „Geh ins Schlafzimmer und öffne die hinterste Schublade" Diese noch ein Überbleibsel aus der Zeit, als Danny dieses Zimmer bewohnte, hatte ich seit Monaten nicht angerührt. Dennoch werde ich diesem Gedanken folgen, gehe zurück ins Schlafzimmer, öffne sie und finde auf den dort verbliebenen Holzbausteinen, wie auf dem Präsentierteller, mein Armband!

Den letzten Weg meines Vaters werden nur wenige Freunde aus der Vergangenheit begleiten. Die Trauerrede hielt, wofür ich ihm aus tiefstem Her-

Nur wer vergessen wird, ist wirklich tot.

Manfred Bieberstein

10. 12. 1935 – 21. 06. 2000

Er lebt in unseren Herzen weiter.

Kriemhild Bieberstein
Torsten und Jana Bieberstein
Dirk und Michaela Böckmann geb. Bieberstein
Mandy, Steffi, Eileen, Danny, Tom und Klein-Moritz

Die Trauerfeier mit anschließender Urnenbeisetzung findet am 19. 07. 2000 um 11^{00} Uhr in der Kapelle des St. Petri-Friedhofes, Friedenstr. 81, in 10249 Berlin statt.

zen dankbar war und für diese Stärke bewunderte – mein Schwiegervater – Es war eine sehr persönliche und rührende Rede, von der mir nur ein Satz sinngemäß in Erinnerung blieb: „So zeigt sein Schicksal, dass es nicht unbedingt Schwerter braucht, um einen Menschen zu erschlagen!“ Später am Grab spielt ein Geiger: „Sag beim Abschied leise Servus!“ Dieses Lied, das mein Vater früher so gern bei Feiern sang und mir seitdem stets Tränen in die Augen treibt.

Dirks neuer Weg

Nachdem Dirk die Umschulung erfolgreich beendete, wurde die Vertriebsgesellschaft Primovo zu seinem ersten Arbeitgeber. Diese Gesellschaft hatte zur Aufgabe, die Waren der neu erbauten Milchwerke in Elsterwerda unter dem Namen „Milchreiter“ zu vermarkten. Später, wird man den Vertrieb direkt den Milchwerken Elsterwerda unterstellen und so werden sie zu Dirks nächstem Arbeitgeber. Kurze Zeit, nachdem die März AG, als Eigentümer dieser Milchwerke, Konkurs anmelden musste, übernahm sie die Meiereizentrale (MZ) Berlin. Natürlich brachte diese auch ihren eigenen Vertrieb mit und stellte die bisherigen Vertriebsmitarbeiter entsprechend auf ein Abstellgleis. Uns war klar, wohin das führen würde und so begannen wir wieder, zu suchen. Zeitungen wurden gewälzt und Bewerbungen geschrieben. Aber Dirk hatte seine Spuren bereits hinterlassen, so empfiehlt ihn ein zufriedener Kunde an einen anderen Lieferanten. Herr B. von der Firma „Immergut“ nimmt nun von sich aus mit Dirk Kontakt auf, der Funke springt sofort über und Dirk wird eingestellt.

Die Firma „Immergut“ mit einer ganz besonderen Geschichte gab es sie unter gleichem Namen zu diesem Zeitpunkt zweimal in Deutschland. Die ältere Generation kennt sie sicher noch, diese leckere Kaffeesahne in Flaschen, die man eigentlich nur bei Ostseeurlauben erstehen konnte, der Firmensitz in Stavenhagen. Dirk arbeitet aber für die Immergut GmbH Schlüchtern, was folgenden Hintergrund hatte: Der Eigentümer der Firma Immergut Stavenhagen wurde in der DDR im Zuge der Verstaatlichungen enteignet, worauf hin er in den Westen ging und dort unter gleichem Namen eine neue Firma gründete. Dirk wird nun also für die Immergut GmbH Schlüchtern arbeiten, diese zu diesem Zeitpunkt noch zum größten Teil in Familienbesitz. Kurz nach ihm wird noch ein weiter Mitarbeiter eingestellt, Herr Nicolaus. Er sorgte stets für fröhliche Momente in dem stressigen Arbeitsalltag. Eine kleine Episode: Eine Woche war er damit betraut, die Kunden in der schwäbischen Region zu besuchen und entsprechende Bestellungen entgegenzunehmen. Das Resultat: nicht eine Bestellung! Seine Rechtfertigung: „Also es tut mir wirklich sehr leid aber ich habe dort, von dem, was die Kunden mir sagten, nicht ein Wort verstanden!“

Was ich persönlich aus dieser Zeit bemerkenswert fand, war die Art der

Mitarbeitermotivation durch den Eigentümer Herrn Z. So gab es, wenn die Zielstellung entsprechend erfüllt wurde, einmal im Jahr einen besonderen Höhepunkt für die Außendienstmitarbeiter und ihre Ehe- oder Lebenspartner. Besonders erwähnen möchte ich dort eine gemeinsame Reise an den Bodensee mit einer wunderbaren Triketour, einer dann weniger wunderbaren Radtour. Bergauf - werde ich sie, im Gegensatz zu den anderen teilnehmenden Ehefrauen, nach zwei oder drei Antritten boykottieren, mein Rad provokativ nur noch schieben und Herrn Z., einem Extremsportler, meinen Standpunkt dazu unverblümt zur Kenntnis geben. Schmunzelnd lässt er alles über sich ergehen und irgendwann werde auch ich mit ihm darüber herzlich lachen können.

Ein unvergessliches Erlebnis, unsere Reise im Februar 1997 nach New York. Wir wohnten im Hotel Waldorf Astoria, besuchten das World Trade Center, sahen die Twin Tower von innen, waren auf dem Empire State Buildung, wohnten einem Gospel-Gottesdienst in der Bronx, der mich zu Millionen Tränen rührte, bei und erlebten das Musical „Les Miserable“ am Broadway, um nur einige Höhepunkte zu nennen. Für mich erfüllte sich damit ein großer Traum. Was mir verwehrt blieb, ein Frühstück bei Tiffany.

Auch von dort gibt es eine lustige Geschichte zu berichten. Herr B., dieser Mitarbeiter, der damals sofort Gefallen an Dirk fand, wird bei seiner Ankunft in New York in seinem typischen ostfriesischen Dialekt bemerken: „Also ich habe hier gar keine Sprachprobleme, das „Englisch“ war sofort wieder da!“ Ich beneidete ihn darum. An einem Abend an der Bar werden wir nun Zeuge dieser Fähigkeiten. Für seine Frau bestellte er einen Martini. Sie hatte ihn nur um eines gebeten: „Helmut aber bitte ohne Eis!“ Er kam mit dem Getränk. „Helmut ich wollte doch kein Eis!“ Mit völlig ratlosem Blick: „Das verstehe ich auch nicht, ich habe dem Barkeeper eindeutig gesagt, einen Martini bitte aber „ouuune“ Eis!“ Dabei deutete er nachdrücklich auf die Eisschale. Sicher hatte der Keeper nur zwei Worte von allem verstanden, nämlich „Martini“ und „one“.

Irgendwann entschied sich Herr Z., aus welchen Gründen auch immer, die Firma an Holländer zu verkaufen. Das war dann leider der Anfang vom Ende. Dirk, der dafür immer ein entsprechendes Gespür hatte, begann wieder sich umzuschauen, wechselte letztendlich zum Konkurrenten, der Immergut GmbH in Stavenhagen. Mittlerweile im Besitz von einem Herrn W., von dem niemand wirklich wusste, wie er zu dem entsprechend notwendigen Reichtum gelangte.

Was mich besonders amüsierte, ein Kollege der Immergut GmbH Schlüchtern, der bei Dirks Wechsel zum Konkurrenten ganz offen sein Unverständnis bekundete, wird ihm, wohl unter dem Motto: „In der Not frisst der Teufel Fliegen" zeitnah folgen.

Dirk ist neben den Aufgaben für die Immergut GmbH Stavenhagen von nun an auch für die Firma Heinrichsthaler Milchwerke GmbH im Einsatz. Sie entstand aus einer Genossenschaft der Milchbauern und produzierte damals auch Butter, mittlerweile ausschließlich Käsespezialitäten.

Neuanfang, Klappe, die Dritte

Ich absolviere meine Schulungsmaßnahme als „Kaufmännische Fachkraft für Wirtschaft und Büro", kann damit etwas at Acta gelegtes Wissen auffrischen, entsprechende Fähig- und Fertigkeiten vertiefen, wobei ich aber feststellte, dass es nicht viel gab, was mir gänzlich unbekannt war. Auf der Suche nach einem für diese Maßnahme notwendigen Praktikum habe ich in der Mühlenstraße, direkt gegenüber der East – Side – Galerie, Erfolg. Ein Unternehmen der KFZ - Branche, das damals die Gebrauchtwagen der BMW-Niederlassungen aufarbeitete. Eigentümer war ein Münchener Unternehmer, der mich optisch immer etwas an den Sänger Peter Kraus erinnerte. Er wird bei seinen wenigen Besuchen stets von seiner Bella sprechen, wie ich dann erfahre, die Exfrau von Falco, **dem** Falco.

Für ihn fungierte vor Ort ein Geschäftsführer, der nun als mein „Chef" mir täglich Auge in Auge direkt gegenüber sitzt.

Das Praktikum nutze ich, um mir erst einmal einen Überblick über die anstehenden Aufgaben zu verschaffen und im Anschluss mit der Büroorganisation zu beginnen, neue Rechnungsformulare zu entwickeln, Ordnung ins Kassenbuch zu bringen und ein sinnvolles Ablagesystem zu erarbeiten.

Man wird mich danach nahtlos in eine Festanstellung übernehmen. Auch hier verstehe ich mich, besonders mit den KFZ-Aufbereitern, also diesen Kollegen, die für die Reinigung der Gebrauchtwagen zuständig sind, sehr gut. Wir teilen uns einen Pausenraum was ich mir, als mein Chef dies irgendwann moniert, aber niemals nehmen lasse. Auch wenn ich immer in der Lage war mich auf mein entsprechendes Gegenüber verbal einzustellen, fühlte ich mich im Kreise dieser ganz normalen Menschen, wo es nicht darum ging, eine Rolle zu spielen, den Schein zu wahren oder zu demonstrieren, was man hat oder ist, immer am Wohlsten.

Es dauerte nicht lange, bis ich tiefe Einblicke in Geschäftsgebaren meines Gegenübers erhalte und sie mir beginnen, schwer im Magen zu liegen. Nicht nur diese Rechnungslegung! Manchmal nach gut Dünken oder die Zahlungsmoral bei den monatlichen Löhnen, die oft dazu führte, dass Kollegen die Konten gesperrt wurden, sie dann kaum in der Lage waren, ihren finanziellen Verpflichtungen termingerecht nachzukommen. Bei diesem Lohn Reserven für so einen Ernstfall anzulegen – undenkbar! – Dann diese leeren Versprechungen bei Neueinstellungen, wobei mir dort eine in besonderer Erinnerung blieb: Schon seit geraumer Zeit war man auf der Suche nach einem neuen Werkstattleiter. Bisher hatte diese Aufgabe der Stiefbruder des Eigentümers aus München übernommen, sozusagen in einer dunklen Nebentätigkeit. Ich mochte ihn. Auch wenn sein Alkoholproblem nicht zu übersehen war, glänzte er dort mit einem guten Kern. Leider war dieser natürlich abhängig von der Befriedigung seiner Sucht. Doch auch er scheiterte an der Persönlichkeit des Geschäftsführers, der ihn zwar benutzte aber im Ernstfall auch immer wieder entsprechend vorführte. So gab es eine strikte Trennung zwischen Aufbereitung, Werkstatt und Lackiererei. Sozusagen eine Zwei- oder sogar Dreiklassengesellschaft. Werkstatt und Lackiererei und dann erst die Fahrzeugaufbereiter. Immer das letzte Rad am Wagen. Sie wurden mit Argusaugen beobachtet.

Die anderen hatten mehr oder weniger Narrenfreiheit. Um es auf den Punkt zu bringen: Irgendwie machte bei den Privilegierten zu dieser Zeit jeder was er wollte. Also war klar. Wer dort etwas ändern sollte, wird es schwer haben. Es gelang mit großen Versprechungen und in Aussicht gestellten Perspektiven, den langjährigen Werkstattleiter eines sehr namenhaften Autohauses abzuwerben.

Ich weiß nicht mehr, wie lange er dann bei uns war? Ein oder zwei Monate, bevor der Vater von drei Kindern in die Arbeitslosigkeit ging. Mich berührte das zutiefst. Schon das erste Gespräch, dem ich beiwohnte, ließ mich Schlimmes ahnen, was ich meinem Chef danach diplomatisch zu bedenken gab. Natürlich opponierten die Jungs entsprechend gegen ihn. Mal kamen sie und beschwerten sich, mal der neue Werkstattleiter, der berechtigterweise den entsprechenden Rückenhalt forderte. Aber, so mein Eindruck, anstatt sich nun zu positionieren, reagierte Herr Sch., wie ich empfand, leider mit Doppelzüngigkeit. Redete hier so und da eben so, spielte den einen gegen den anderen aus. Letztendlich informierte er diesen Mann genauso gewissenlos vom Ende, wie er anfangs seine großen Versprechungen machte.

Er monierte seinen starken Mundgeruch, der für niemanden erträglich wäre. Danach schickte er ihn einfach nach Hause. An diesem Tag begann für mich persönlich der Anfang vom Ende. Ich möchte nur ganz nebenbei erwähnen, Herr Sch. war ein Ossi, dieser Familienvater ein Wessi.

Kurze Zeit später wird ein junger Mann eingestellt. Keine Ahnung, woher er damals kam. Eine Geschäftspartnerin, die von Herrn Sch., wie es auf mich wirkte, neben seiner sehr netten Ehefrau schon lange mit besonderer Aufmerksamkeit bedacht wurde, ist von nun an regelmäßig Gast in unserem Büro. Immer öfter beginne ich meinen Dienst und muss, um überhaupt arbeiten zu können, erst einmal die Überbleibsel dieser geselligen Zusammenkünfte ordnen. Ich weiß nicht wirklich, was sich dort damals entwickelte und abspielte, kann es nur erahnen.

Seit Wochen leide ich unter starken Magenbeschwerden, die immer unerträglicher werden, mache mich irgendwann auf den Weg zum Arzt. Kein Mittel sorgt wirklich für Linderung. Ich kann kaum noch etwas essen und muss die erste Magenspiegelung über mich ergehen lassen. Das Ergebnis: ein akuter Entzündungsprozess. Natürlich waren mir die Ursachen bewusst! Ich hatte viel zu lange geschluckt und es war an der Zeit, etwas zu ändern. So provozierte ich mit einer Krankschreibung und wurde glücklicherweise zeitnah fristgemäß entlassen.

Genau in dieser Zeit wird unsere Schäferhündin Queen uns dann mit ihrem Nachwuchs mehr oder weniger überraschen.

Jede Woche auf dem Arbeitsamt, um mich nach passenden Angeboten zu erkundigen galt es nebenbei, auf die Stellenanzeigen der verschiedenen Tageszeitungen zu reagieren. Ich hatte vorsorglich immer einen Stapel Bewerbungsmappen vorbereitet. So musste ich nur noch das Anschreiben den Anforderungen des jeweiligen Unternehmens anpassen.

Mein großes Manko, die fehlenden Sprachkenntnisse! Natürlich hatten wir in der Schule Fremdsprachenunterricht. Aber da es nie eine Möglichkeit gab diese auch anzuwenden, geriet so vieles in Vergessenheit. Das empfinde ich heute noch als sehr schade. Mittlerweile hat sich meine Merkfähigkeit leider so reduziert, dass ich mich persönlich auch nicht mehr motivieren kann, dies zu ändern.

Es ist nun Mai und ich bin seit 3 Monaten arbeitslos, denke bereits über die Teilnahme einer weiteren Schulung nach. Meine Vermittlerin kennt mich durch die vielen Besuche bereits recht gut: „Würde für Sie auch eine Teilzeitbeschäftigung infrage kommen?" Bis dahin hatte ich ja einen Vollzeitjob: „Ja natürlich würde es das!" „Ich hatte vor einer Stunde einen Anruf von einem sehr netten Herrn, sprechen Sie doch einfach mal da vor und berufen sich auf mich, ich denke, das könnte was für Sie sein!" Sie wird Recht behalten. Ja es war etwas für mich, und zwar fast 10 Jahre lang. Ich werde zu Hause sofort die Telefonnummer wählen, einen Vorstellungstermin am kommenden Tag vereinbaren. Dieser bereits am Telefon sehr nette Herr entpuppte sich auch von Angesicht zu Angesicht als sehr sympathisch. Er bittet um ein paar Tage Bedenkzeit, wird bereits am gleichen Tag, kurz nach meiner Rückkehr zurückrufen und mir meine Einstellung auf Probe bestätigen. Wenn ich ehrlich bin, nichts anderes hatte ich erwartet.

Ich arbeite fortan bei einem Unternehmen im Beton produzierenden Bereich, ein für mich völlig unbekanntes Terrain. Wie ich dann an meinem ersten Arbeitstag erfahre, befindet sich mein neues Gegenüber im Urlaub und genießt gerade seine ganz frische Vaterschaft.

Der Kennenlern-Prozess nach seiner Rückkehr verläuft dann aber nicht ganz so, wie ich es mir gewünscht hätte. Bereits als er zum ersten Mal das Büro betritt, sehe ich sie in seinen Augen – Ablehnung! – Er, eigentlich eher ein gemütlich wirkender Teddybär mit einer Hautfarbe, die selbst im Winter diesen Anflug von Bräune hat und ihn dadurch immer gesund und erholt erscheinen lässt, sprüht aus seinen kohlrabenschwarzen Augen, wenn er mich ansieht, Feuer aus der Hölle. Ich frage mich, woran das liegt, er kannte mich doch gar nicht, wusste nichts über mich und kämpfte fortan täglich um ein nettes Wort. Erst viel später, als wir bereits beim „du" sind und ein humorvolles und kreatives Team bilden, wird er mir seine Vorurteile kundtun.

Bei meinem Einstieg gab es einen weiteren Mitarbeiter, Frank, für uns im Außendienst tätig. Er wird sich oft so organisieren, dass er 14.00 Uhr, also zu meinem Feierabend, kurz einschaut und mich dann ein Stück Weg mitnimmt oder sogar zu Hause absetzt. Wir beide duzten uns bereits, als Klaus aus seinem Babyurlaub zurückkam.

Klaus, gebürtiger Osnabrücker, wird dies als gefährliche Ossiverschwörung empfinden und sich auf seine spezielle Art und Weise dagegen zu Wehr setzen. So gehe ich einige Wochen wirklich durch die Hölle, habe mir bereits eine ganz persönliche Frist gesetzt.

Auch der Geschäftsführer, Herr H., selbst Westberliner, wird alles sehr genau beobachten, mich mehrmals auf Probleme ansprechen. Dennoch werde ich mich nicht entsprechend äußern. Mein Ziel war es, diesen Kampf allein zu gewinnen. Ich kann nicht mehr genau sagen wann und vor allem, warum es so war.

Von einem Tag zum anderen war alles anders. Klaus schaute mich plötzlich aus diesen schwarzen Augen herzlich und offen an. Das war der Beginn einer über viele Jahre freundschaftlichen, erfolgreichen und überaus humorvollen Zusammenarbeit, an die ich mich noch heute gern erinnere. Klaus ein Mann, der durch seine eigenen Lebenserfahrungen in der Lage war, für fast alles Verständnis aufzubringen, Wissen zu vermitteln, ruhig und gelassen dabei, der Menschen motivieren konnte, Mut machte, aufmunterte, tröstete aber wenn es sein musste, auch mit Kritik nicht zurückhielt aber – und auch das möchte ich nicht unerwähnt lassen – jemandem das Leben sehr schwer machen konnte, wenn er ihn nicht mochte.

Der, entgegen anderer „Wessikollegen“ jedem sein „Guten Morgen“ oder „tschüs bis morgen“ per Handschlag bekundete, immer wieder humorvoll sein Unverständnis zum Ausdruck bringen wird, dass „der“ Ossi vor dem Aufstehen zu arbeiten begänne und mich jedes Mal zum Feierabend mit: „Was, du willst doch nicht etwa schon wieder gehen?“ verabschiedete.

Wir werden in den ganzen Jahren nie einen Hehl daraus machen, wo unsere Wurzen waren und was uns – völlig normal – unterschied, konnten über Eigenarten gegenseitig frotzeln, empfanden nichts als Diskriminierung. Nicht selten war bei uns zu hören: „Klaus, du blöder Wessi“ oder „Michi, du doofe Ossitante!“ So lernten wir uns immer besser verstehen und wuchsen zusammen, zu einem kreativen „Wossiteam“.

Klaus spezieller Makel – der Hang zum Workaholiker, ein Aspekt, der es mir manchmal sehr schwer machte, leider auch irgendwann seine Ehe scheitern lässt...

Danny

... besucht mittlerweile die zweite Klasse. Seit seinem dritten Lebensjahr litt er plötzlich unter starken Migräneanfällen. Arztbesuche konnten weder für eine Klärung dieses Phänomens noch für wirkliche Erleichterung sorgen. Für uns war es immer sehr schmerzlich mit anzusehen, wie er sich dabei quälen musste, ohne dass wir wirklich helfen konnten. Dadurch kam es natürlich zu einigen Fehltagen in der Schule. Dennoch bereitet ihm das Lernen kaum Schwierigkeiten. Na gut, diese Gabe für oder eher gegen die deutsche Rechtschreibung hatte er wohl von seinem Vater geerbt.

Durch seine freundliche und strahlende Art gewinnt er schnell die Herzen, ist überall sehr beliebt. Was von Anfang an aber ein kleines Problem darstellt, in dem zur Verfügung stehenden Zeitrahmen mit den vorgegebenen Aufgaben fertig zu werden. Das führte manchmal zu entsprechendem Punkteabzug, was seine Freude am Lernen aber nicht trübte. Allseits interessiert, besucht er die verschiedensten Arbeitsgemeinschaften: Sport, Mathematik, Schulgarten und den Schulchor, um nur einige zu nennen. Bereits zu dieser Zeit interessiert er sich intensiv für die Politik. Das Fach Geschichte wird dann auf dem Gymnasium, nicht nur wegen seiner geliebten Frau Kl., einer fantastischen Lehrerin, die ihre Tätigkeit noch mit dem Herzen ausübte, sich engagierte, um die Schüler zu motivieren und für den Unterrichtsstoff zu begeistern und dabei immer die nötige Konsequenz walten ließ, zu seinem Favoriten.

Sie wird Danny dann glücklicherweise bis zum Abschluss seines Abiturs begleiten, was ich persönlich als eine große Bereicherung empfand.

Wie ich schrieb, war Danny bereits mit 10 Jahren sehr politinteressiert. Manchmal saß er, was ich, wenn ich ehrlich bin, niemals verstehen konnte, und verfolgte stundenlang die Debatten der Bundestagssitzungen oder andere politische Fernsehübertragungen.

Das hatte er auf keinen Fall von mir. Auch wenn ich mich nicht zu den politisch Uninteressierten zähle, was dem Leser sicher schon aufgefallen ist, so ermüdeten mich diese stundenlangen Diskussionen, von denen ich manchmal den Eindruck hatte, dass auch die Politiker Mühe hatten, ihnen zu folgen, sehr. Bei Danny aber hätte man stets denken können, dass er einem spannenden Krimi beiwohne. Jeden Einzelnen kannte er mit Rang und Namen. Er hörte zu, kommentierte, schimpfte und warf Gegenargumente ein. Leider konnten die Herren Politiker das ja nicht hören. Wer weiß, vielleicht wäre ansonsten manches anders, vielleicht sogar besser gelaufen. Ich dachte in solchen Momenten immer: „Mensch Herbert, jetzt müsstest du hier sein. Dein Lied: „Kinder an die Macht“ ist hier bei den Böckis zum Leben erweckt.

Die unbequemen Fragen

Aufgrund vieler Informationen aus Unterricht, Presse und dem gebührenden Abstand, haben sich die Kinder ihre ganz persönliche Meinung über die DDR gebildet. Natürlich konnten auch sie auf eine glückliche Kindheit zurückschauen.

Aber sie gingen dennoch mit vielen Dingen viel kritischer ins Gericht, als in unserem tiefsten Herzen wohl wir. So stellten sie, Ihr gutes Recht und ganz logisches Verhalten, irgendwann diese unbequemen Fragen: Habt ihr wirklich nichts gemerkt und wenn, warum nicht??? Wollt ihr wirklich behaupten, dass ihr euch nicht eingesperrt fühltet!!! Was bedeutet euch denn eigentlich Freiheit???

Für uns lange Zeit immer wieder ein ganz schmerzlicher Prozess, mit dem man sich auseinandersetzen musste und das galt es, besonders für uns, zu verarbeiten. Noch immer scheiden sich bei Diskussionen manche Geister.

Aber nachdem im Laufe der Jahre und der gesammelten Erfahrungen jeder von uns immer wieder einen Schritt vorwärts aber auch manchen zurückgehen musste, fanden wir sozusagen unsere ganz persönliche friedliche Koexistenz.

Man findet sich

Es ist das Jahr 1993! Mandy begeht ihre Jugendweihe. Einige Dinge hatten das Ende der DDR dennoch überlebt, dazu zählte eben auch diese Zeremonie, die 14 Jährige in den Kreis der Erwachsenen aufnehmen sollte.

Natürlich wurde so, wie es immer bei uns üblich war, groß gefeiert. Zwar nicht in einem Restaurant, das war finanziell überhaupt nicht machbar. Bei hoffentlich schönem Wetter sollte die Party in unserem Garten stattfinden. Am Abend vorher die große Tafel bereits aufgebaut und alles so weit wie möglich vorbereitet, wird es die ganze Nacht regnen, also aus Kannen schütten und unser Herz in die Hosentasche rutschen lassen. Irgendwann im Laufe des Vormittags aber klart der Himmel auf und die Sonne beglückt uns für den Rest des Tages.

Alle bekannten Nachbarn auch einige übrig gebliebene Freunde aus Marxwalde und natürlich die große Familie Böckmann/Bieberstein werden dieses Ereignis mit uns gemeinsam begehen. Mit Hilfe vieler Nachbarinnen wurde das Buffet zur Augenweide und einem Gaumenschmaus. Jeder steuerte gern etwas bei und so hielt sich die Arbeit für die betreffende Hausfrau immer in erträglichen Grenzen. In diesem Jahr startete der Berliner Rundfunk eine neue Sendung, „die Gartenparty". Dort konnte man für einen lieben Menschen ganz persönliche Musikwünsche bestellen und Grüße übermitteln lassen.

Ich schrieb bereits einige Wochen vor dem Ereignis an den Berliner Rundfunk, hatte Glück und wurde für diese Sendung ausgewählt. So spielte man an diesem Tage „unsere Lieder" und übermittelte auch viele persönliche Glückwünsche an Mandy. Der Höhepunkt war dann der Besuch eines Sendeteams, das dann live von unserer Feier berichtete. Mandy wird, wie soll es in dem Alter anders sein, eher peinlich berührt, die Gäste dagegen begeistert sein.

Während dieser Übertragung wird die Moderatorin uns eine Überraschung in Aussicht stellen. Ein Herr Jan S. hat im Sender angerufen und Grüße übermittelt. Natürlich wissen wir sofort, um wen es sich handelt. Jan, der gemeinsam mit Dirk das Studium absolvierte und mir damals diesen schönen Wandteller schenkte.

Viele Jahre hatten wir uns aus den Augen verloren, nichts mehr voneinander gehört. Dieser Anruf wird dafür sorgen, dass wir uns bald persönlich begegnen und irgendwann beginnen, diesen Kreis zu erweitern. Jan, der mit Frau und Sohn mittlerweile in Bestensee wohnte und bei einer zivilen Fluggesellschaft unterkam, berichtet später: „Ich war gerade beim Renovieren der neuen Wohnung, als ich im Radio plötzlich eure Vornamen hörte. Das konnten doch nur die Böckis sein, war mein erster Gedanke. Ich sprang von der Leiter und machte mich sofort auf den Weg in eine Telefonzelle. Natürlich gab der Berliner Rundfunk eure Adressdaten nicht preis, darum habe ich euch meine hinterlegt."

Wir werden uns nun öfter treffen, viele fröhliche Stunden verleben und darüber austauschen, wie es jedem von uns in den vergangenen Jahren erging. Bei einem dieser Treffen wird die Idee geboren, weitere Mitstreiter zu suchen. Die Ersten, die wir erfolgreich aktivieren, sind die Steinis.

Sie leben wieder in der Rhön aber nun jenseits der ehemaligen Mauer, in Hilders. Was diese beiden Mitstreiter von Dirk unterschied, sie waren dem Ruf der Vorgesetzten gefolgt und verbrachten so die letzten Monate der DDR an der Militärakademie in der Sowjetunion. Außer Jan, alle mit Kind und Kegel. Viele Geschichten berichteten sie aus dieser Zeit.

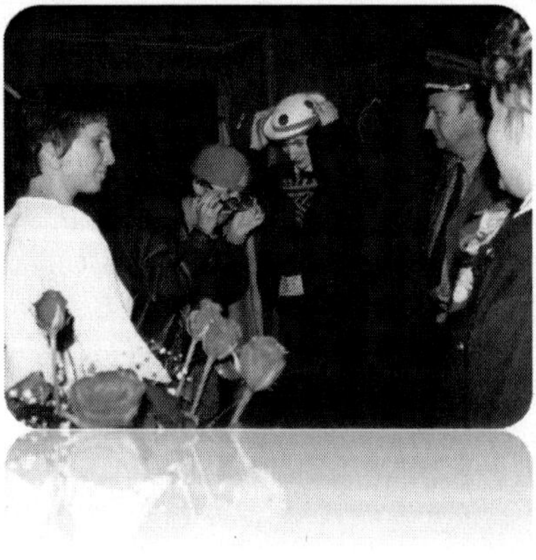

Die Männer, die sich zuerst auf den Weg machten, die Frauen, die mit der Aufgabe betraut wurden, die Container mit den nötigen Habseligkeiten zu beladen und auf den Weg zu bringen.

Das Glück über ein Zimmer oder sogar eine kleine Wohnung, wo die Familie unterkommen konnte. Oft in schrecklichem Zustand, dem man versuchte mit den einfachsten Mitteln, Herr zu werden. Die große Freude, bei Einkäufen mal etwas Besonderes zu Essen zu erhaschen. Diese vielen Feiern mit den Absolventen der verschiedensten Nationen. Dann plötzlich Sprachlosigkeit! Der Moment, wo niemand sich mehr für sie interessierte. Das „Aus“ und der persönliche Kampf darum, irgendwie nach Hause zu kommen. Dann endlich die Rückkehr in ein Land, das es nicht mehr gab – ohne eine Perspektive! –

Die Nächsten, die den Kreis bereichern, die Ackis. Auch sie teilten dieses Schicksal. Trotzdem ich Jens vorher nur einmal bewusst erlebte und Undine noch gar nicht kannte, werden wir recht schnell, wie man es nennt, einen Draht zueinander entwickeln und im Laufe der Jahre daraus eine herzliche Freundschaft entstehen. Wir vier einen ähnlichen Musikgeschmack, entwickeln daraus ein Ritual: egal, wo wir sind und ganz egal wie spät es ist. Wenn bei einem von uns das Lied: „Ich war noch niemals in New York“ von Udo Jürgens oder „Kling-Klang“ von der Gruppe Keimzeit ertönt, rufen wir den anderen an, um ihn teilhaben zu lassen.

Auch sie werden in unseren schwersten Stunden, ohne lange zu fragen, für uns da sein. Als Telefonseelsorgerin, als Handwerker, als Freunde und uns so den Rücken stärken und Kraft geben. Das Bemerkenswerte: Da wir in den ersten Jahren natürlich bei entsprechenden Treffen unsere Kinder immer im Gepäck haben, wird sich auch zwischen ihnen, wenn jeder auch heute bereits seinen ganz persönlichen Weg geht, eine herzliche Nähe entwickeln.

Wir bauen diesen Kreis noch weiter aus – haben es mittlerweile auf 9

Pärchen gebracht! – und rufen irgendwann eine Tradition ins Leben. Alle zwei Jahre treffen wir uns an dem Himmelfahrtswochenende bei einem der Teilnehmer. Es sind immer sehr ereignisreiche und lustige Stunden.

Zum Beispiel 2005 in einem niedlichen Waldhotel in Thüringen. Eigentlich das Jahr, in dem unsere Männer pensioniert worden wären.

Nun wird Hans, ein Teilnehmer, dies feierlich übernehmen. Entsprechende Urkunden kreiert, wird er alle in einer perfekt vorbereiteten Zeremonie in den verdienten Ruhestand versetzen. Ob Mütze oder Fliegerjacke, natürlich hatte jeder der Männer ein entsprechendes Stück an oder zumindest bei sich, was ihn als ehemaligen Piloten zu erkennen gab.

An diesem Wochenende war auch eine Fußballmannschaft aus Sachsen vor Ort, wohl in der Absicht zünftig, ohne ihre Frauen, den Herrentag zu feiern. Wir bereits bei Musik und Wein zum gemütlichen Teil übergegangen, werden sie motivieren, mit uns gemeinsam das Tanzbein zu schwingen.

Am nächsten Morgen bereits sehr früh erwacht werde ich, um Dirk noch etwas Ruhe zu gönnen, bereits zum Frühstück aufbrechen. So sitze ich allein, durch einen Pfeiler nicht gleich für alle sichtbar. Die Fußballer kommen nur kurze Zeit später: „Oh wir sind die Ersten, die Kommunisten schlafen wohl noch!“ Ich werde mich kurz hinter meinem Pfeiler erheben, ein fröhliches: „Guten Morgen Genossen“ herüberschicken und sie hochroten Kopfes danach ihre Teller hypnotisieren.

Auch Inge und Elke sind seit einigen Jahren Teilnehmer dieser Runde. Man erinnere sich, Inge, der Mitstreiter, der mit Dirk über lange Zeit in Marxwalde ein Traumpaar bildete, wir aber nie enger miteinander verkehrten. Wir kommen uns nun Stück für Stück näher. Langsam aber sicher entwickelte sich im Laufe der Zeit eine Freundschaft, die bereits bewies, dass sie nicht nur ein Lippenbekenntnis ist.

Auch wenn wir in vielen Dingen so unterschiedlich sind, ist es immer wieder eine Freude sich auszutauschen und – wenn Inge gut drauf ist – ein bisschen zu feiern. Elke, die mir früher immer etwas bedrohlich und unnahbar schien, entpuppte sich als warmherzige, nahbare, ja ich möchte sagen, fast mütterliche Freundin.

Immer ein verständnisvolles Ohr, egal worum es geht, eine liebevolle Gastgeberin, die versucht, jedem den Wunsch von den Lippen abzulesen, ihre beiden Männer umsorgt, bekocht, bäckt und so ganz nebenbei auch noch Oberstudienrätin und Diplom-Ingenieurin ist, was sie aber niemals von sich aus erwähnen wird. Sie, die bei jedem Besuch sehnsuchtsvoll auf mein Wohnungsdekor schaut und damit zurechtkommen muss, dass ihr Mann darin so gar keinen Sinn sieht.

Mit dabei auch Frank, anfangs noch mit seiner Frau. Nur kurze Zeit später wird sie sich aber auf einen eigenen Weg begeben, er mit den Kindern darum auch vor einem Neuanfang stehen aber dennoch kein Treffen versäumen.

Weiter Rüdiger und Frau. Sie hatten den Mut, als ihr Sohn bereits sehr flügge war, noch einmal in die Vollen zu gehen. Dieser Schritt wurde mit einer zuckersüßen Tochter belohnt.

Nicht zu vergessen, Hans, mit seiner Frau auch ehemalige Marxwalder. Die Nächsten im Reigen Robert und Katrin aus Köln und Bodo mit Frau. Er der seit Jahren in Russland für eine bekannte Handelskette im Einsatz und somit monatelang nicht zu Hause ist wird dennoch stets versuchen, diesen Treffen beizuwohnen. Mit seinen Mitbringseln, echtem russischen Wodka und Kaviar sorgt er gern für besondere Geschmackshöhepunkte und manchmal auch Abstürze.

Mittlerweile trafen wir uns bereits mehrmals in Thüringen, Bestensee, Strausberg, Köln und natürlich in Berlin. Auch dieses Treffen wurde, wie alle anderen zuvor, liebevoll vorbereitet. Wir hatten aus unserem Urlaub in Thailand für jeden männlichen Teilnehmer ein – natürlich liebe Kollegen vom Zoll – originales – Top-Gun-Shirt eingeflogen und für die Frauen in Handarbeit das entsprechende Top – Women – Shirt entworfen. Der erste Kampfeinsatz startete im Sportpark Karlshorst in der Bowlingbahn.

Später ging es zu den Böckis in den Gleyeweg, wo ein zünftiges Abendbrot eingenommen wurde und der erste Tag bei Musik, Tanz und Karaoke fröhlich ausklang.

Wen ich bei unserer Ankunft sofort vermisste? Diesen schwarzen BMW mit Münchener Kennzeichen, der seit 3 Tagen direkt vor unserem Haus parkte. Wohl ein Immobilienmakler, der die Gegend erkundete. Mehrmals hatte ich mit dem Gedanken gespielt, den jungen Mann mit einem Kaffee zu erfreuen. Nun war es wohl zu spät. Der nächste Tag sollte zur großen Herausforderung werden. Für alle lagen Überlebensbeutel bereit. Mit kleinen Snacks, Obst, einem Getränk, eben zur Stärkung für zwischendurch. Jan hatte eine spannende Rätseltour durch Berlin vorbereitet, mit Fragen, die es in sich hatten.

Die Teilnehmer mussten sich nun, in zwei Mannschaften aufgeteilt, auf den Weg durch die Bundeshauptstadt machen und dabei die Antworten ermitteln. Hier ein kleiner Auszug, den ich mit Hilfe des Gedächtnisprotokolls von Jens und Undine zusammenstellen konnte:

Welche Tiere befinden auf den Säulen vor dem Berliner Zoo?
Wie viele Fahrbahnspuren zählt der Kreisverkehr um die Siegessäule?
Über wie viele Etagen geht die Sicherheitsverglasung des CDU-Gebäudes?
Wie ist die Arbeitszeit des Schuhputzers aus dem Hotel ADLON ?
Wie viele Kerzen befinden sich am Kronleuchter im Eingangsbereich des Hotels Wie viele Sonnensegel gibt es im Sonycenters?
Welche Lego - Figur steht am Eingang des Sonycenters?

Welches Bein hebt das Pferd vor der Humboldt-Universität ?
Welche der Büsten von Marx und Engels ist dem Westen näher?
Wie viele Überwachungskameras gibt es am Bundeskanzleramt?

Im Ostprodukte-Laden mussten die Preise bestimmter Produkte notiert werden.
Auf dem Flugplatz Gatow musste die Dienstgipfelhöhe einer Phantom (F-4) ermittelt werden.
An der Gedächtniskirche musste das Datum des Bombenangriffes festgehalten werden.
Am „Palast der Republik" musste die Anzahl der Schautafeln ermittelt werden.

Das Ziel letztendlich der Berliner Fernsehturm. Unkompliziert und hilfreich von meiner Exschwägerin möglich gemacht. Dort nahmen wir gemeinsam ein wunderbares Abendbrot ein, bewunderten diesen Blick auf Berlin, bevor es nochmals in den Partykeller Gleyeweg ging, um dieses Treffen fröhlich ausklingen zu lassen.

Zwei kleine Wermutstropfen: Inge lag nach einer Operation im Krankenhaus und konnte nicht dabei sein und Jan musste aufgrund einer schweren Grippe vorzeitig die Heimreise antreten.

In den vergangenen Jahren mussten wir glücklicherweise in unserer Truppe nur einen Ausfall verkraften: die Steinis aus der Rhön. Auch mit ihnen freundschaftlich verbunden, regelmäßige Besuche von hier nach da und einen ereignisreichen Urlaub miteinander verlebt, trifft uns dieser Verlust sehr hart, obwohl wir den Grund bereits seit Langem kannten.

Auch für Steini war der Alkohol zu einem großen Problem geworden. Die Zeichen waren zu erkennen aber erst unser gemeinsamer Urlaub brachte uns dann absolute Gewissheit. Irgendwann der erste Entzug und die entsprechende Reha. Leider nicht mit dem gewünschten und vor allem nachhaltigen Erfolg. Schon ein paar Wochen später findet seine Tochter die ersten Schnapsflaschen, versteckt in der Küche und wendet sich danach erst einmal enttäuscht von ihm ab.

Für die ganze Familie bricht nun eine Welt zusammen aber noch schweigen sie offiziell, wie schon so lange. Ein Anruf von Steini wird bei mir aber sofort alle Alarmsirenen schellen lassen: „Dirk, ich bin mir sicher, Steini war betrunken!“ Vor ihrem geplanten Besuch in Berlin dann nochmals ein Anruf: „Nur zur Info, ich trinke jetzt alkoholfreies Bier, damit du dich entsprechend eindeckst!“ Sofort setze ich mich an den Computer, recherchiere und habe nun die Gewissheit: „Steini trinkt wieder.“ Diana wird mir, als sich endlich die Gelegenheit bietet, unter vier Augen zu reden, das Ausmaß und die Folgen dieser Sucht offenbaren – persönlich, emotional und leider auch finanziell! –

Wir werden wieder versuchen, Steini zu einer Lösung zu bewegen: ihm uneingeschränkte Hilfe Tag und Nacht anbieten aber eben nur Steini dem Freund und nicht Steini, dem Trinker. Danach kündigt er uns die Freundschaft und blockt jeden weiteren Kontakt ab. Viele Jahre werden wir nichts mehr voneinander hören. Die Beziehung zerbricht unter diesen Belastungen irgendwann und Diana beginnt, sich ein neues Leben aufzubauen. Sie lernt einen anderen Partner kennen und leider verlieren wir auch sie aus den Augen aber nie ganz aus unseren Herzen.

Eines Tages klingelt das Telefon und ich traue meinen Ohren kaum: „Hallo Michaela, ich bin es, Steini. Ich möchte mich endlich bei euch entschuldigen. Es tut mir leid, dass ich damals so reagiert habe und eure Hilfe abwies. Nun ist es soweit, ich bin ganz unten, völlig am Ende und lasse mich morgen nochmals einweisen. Diesmal werde ich es schaffen, ich muss es schaffen.“ Ich freute mich riesig für ihn. Wie wir später erfahren, begann nun ein Kampf auf Leben und Tod. Dann der erlösende Anruf: „Ja! Mir geht es gut. Bin dem Tod noch einmal von der Schippe gesprungen und nun geht es aufwärts. Ich wohne zur Zeit in Melchors Grund, einem Therapiezentrum für Abhängige und bin mit unserer Theatergruppe am kommenden Montag im Naturkundemuseum in Berlin. Wollt ihr nicht mal einschauen?“ Natürlich wollten wir.

Dort laufe ich erst einmal völlig überrascht unserem amtierenden Oberbürgermeister Wowereit förmlich in die Arme. Ich reagiere ganz spontan und drücke ihm ein Exemplar meines Buches „Ostwind“ in die Hand. Danach erst rutscht mir mein Herz in die sogenannte Hosentasche. Er wird sich herzlich bei mir bedanken. Leider habe ich nie erfahren, ob er jemals einen Blick in dieses Buch gewagt hat.

Dann endlich sehen wir Steini, bei dessen Anblick wir vor Freude Purzelbäume schlagen. Neu geboren, braun gebrannt, schlank, durchtrainiert, Lebensfreude und Optimismus ausstrahlend, ein Haudegen, Naturbursche, die absolute Augenweide stand da plötzlich vor uns. Genauso hatte ich ihn von damals in Erinnerung aber schon 20 Jahre nicht mehr erlebt. Wie er uns dann sagte, endete sein Leben wohl, als er letztmalig aus dem Flugzeug stieg. Wir sagen heute: „Steini! Willkommen im zweiten Leben!“

Der Fortschritt zieht ein

Es war soweit. Ab sofort müssen wir, wenn eine wichtige Überweisung fällig ist, nicht mehr den Weg zu unserer Sparkasse auf uns nehmen. So schrieb man uns. Denn nun gab es – das Telefonbanking – Ich kann mich noch genau an den Tag erinnern, als wir es zum ersten Mal ausprobierten. Die ganze Familie saß wie gebannt um das Telefon herum. Dirk nahm den Hörer in die Hand und wählte die geheimnisvolle Nummer. Die Frauenstimme am anderen Ende fragt ihn nach den erforderlichen Identifikationsdaten. Bereits da muss sich Dirk mehrmals wiederholen, bis sie beide dann auf einen gemeinsamen Nenner kamen. Spätestens aber als dann unsere Kontonummer abgefragt wurde und Dirk in den Hörer schrie: „Neeeein, nicht Dreiiii!!! Siiiiieben!!!", die immer gleichbleibend nette Bandansage wieder fragte: „Habe ich Sie richtig verstanden?" Meinten sie Neun, lag der Rest der Familie vor Lachen unter dem Tisch und Dirk musste das Gespräch erst einmal unterbrechen. Ich werde noch Jahre später, als sich die technischen Wogen bereits geglättet hatten, an dieses Ereignis denken müssen. Nicht einmal habe ich das Telefonbanking darum ohne einen gehörigen Lachkrampf überstanden. So wurde das Onlinebanking irgendwann für mich wirklich zu einer Erlösung.

Unsere Urlaube

Schon in der DDR war er uns sehr wichtig, dieser alljährliche Familienurlaub. Zwei Wochen nur für uns, im Mittelpunkt immer die gemeinsame Zeit mit den Kindern. Erst wenn sie im Bettchen waren, machten wir es uns noch einmal gemütlich, genossen diese Ruhe und Entspanntheit zu zweit, um Kraft für den kommenden Tag zu tanken. Es gibt so viele wunderbare Erlebnisse auf die wir aus dieser Zeit zurückschauen können.

Dann, nach unserem Rückzug nach Berlin, wollten wir darauf nicht verzichten. Leider mussten wir nun aber schmerzlich feststellen, dass die Reiseziele, die uns vertraut, aus finanziellen Gründen mittlerweile absolut tabu waren. So suchten wir immer nach diesen Schnäppchen, die uns den Urlaub, trotz des schmalen Geldbeutels, ermöglichten. Mal mit mehr und mal mit weniger Erfolg und dennoch, jeder letztendlich ein unwiederbringliches Erlebnis. Ähnlich, wie Russisch Roulette. Nicht, dass es kein erschwingliches Sonderangebot gab, entscheidend war letztendlich, wie es sich bei der Anreise entpuppte.

Zuerst versuchten wir uns mit Winterurlauben an der Schneekoppe. Das erste Mal noch mit Heidi und Ecki aus Marxwalde, wollten wir den Jahreswechsel gemeinsam verleben. Schon auf der Hinreise der erste große Schock am Grenzübergang. Ich holte die Pässe aus der Tasche und mir stockte der Atem, strahlte mir das Emblem mit Hammer, Zirkel und Ährenkranz entgegen. Hatte ich doch wirklich die DDR-Pässe, die in drei Tagen ihre Gültigkeit verloren, eingesteckt. Glücklicherweise ließ man uns dennoch nach Polen einreisen, wie sich der Rückweg gestalten würde, wagte ich nicht in Betracht zu ziehen. An der Polnisch-Tschechischen Grenze stellte der Beamte dann auch noch fest, dass auf meinem Pass die Unterschrift fehlte. Dazu war ich in der kurzen Zeit seiner Gültigkeit wohl nicht gekommen. So musste ich dieses Versäumnis in seinem Beisein nachholen und man ließ uns danach glücklicherweise passieren.

Die Pension Diana, in der wir ein 5-Bett-Zimmer bewohnten, war eine gemütliche Unterkunft. Das Essen lecker, die Wirtsleute sehr nett. Wir hatten jeden Tag Sonnenschein aber auch beißende Kälte, manchmal minus 30 Grad. Die ersten Ausflüge per pedes oder mit Schlitten absolviert, wird Dirk sich bei einer gewagten Rodelpartie den Steiß so stark prellen, dass er tagelang fast bewegungsunfähig ist und bei jedem Schritt vor Schmerzen wimmert. Noch monatelang wird er leiden.

Seit Jahren nicht mehr auf irgendwelchen Brettern gestanden, wagen wir hier unsere ersten Versuche. Völlig ahnungslos leihen wir uns eine entsprechende Ausrüstung, leider eben die falsche. So versuchen wir uns mit Abfahrtskiern ein bisschen im Langlauf. Dirk, den man versehentlich mit zwei linken Schuhen ausgestattet hatte, wird es aufgrund seiner Schmerzen aber entschieden ablehnen umzukehren, um diesen Irrtum zu korrigieren.

Die Einheimischen, die uns auf diesem Ausflug begegnen, werden nur ein mitleidiges Lächeln für uns übrig haben.

In diesem Urlaub wird uns, wie klein die Welt doch ist, Kuno, ein Mitstreiter aus Marxwalde über den Weg laufen. Wir freuen uns riesig, seine Emotionen halten sich überraschenderweise in Grenzen. Ein vereinbartes Treffen findet dann leider nicht statt, ganz einfach, weil Kuno nicht erscheint. Später werden wir erfahren, dass er aus Gründen, die sich nur vermuten lassen, irgendwo untergetaucht lebt.

Unsere Rückreise gestaltet sich letztendlich dann unkomplizierter als gedacht. Man lässt uns mit den abgelaufenen Pässen problemlos aus Tschechien und Polen ausreisen und auch die Bundesrepublik nimmt uns, ohne Wenn und Aber, als ihre Bürger wieder zurück...

Bei einem späteren Besuch an die Schneekoppe werde ich mich dort auf eine ganz spezielle Art und Weise verewigen.

Es ist das Jahr 1996, ich habe vor Kurzem mit dem Rauchen aufgehört, dadurch natürlich große Probleme mit der Verdauung. Aus diesem Grunde werde ich an diesem Tage ein Abführmittel zu mir nehmen. Natürlich ohne daran zu denken, dass dieser Ausflug auf die Schneekoppe geplant ist. Auch an diesem Tag ist es eiskalt, die Fahrt mit der Seilbahn lässt mich bereits vollkommen erstarren. Auch der kurze Aufenthalt in dem einzigen Restaurant, das eher einem Imbiss glich, kann an diesem Zustand nicht viel ändern. Bockwurst und der uns nun servierte Tee sind gerade lauwarm. Wir machten uns danach zu Fuß auf den Rückweg, um zwischendurch in einer Baude noch einmal Rast zu machen. Weit werden wir nicht kommen. Wie aus heiterem Himmel beginnt sich, mein Darm zu regen. Ich spürte, dass mir nicht viel Zeit blieb, die Tablette hatte ganze Arbeit geleistet. Aber kein Klo weit und breit, nur ein kleines Bäumchen in der Nähe. So kam es, dass ich völlig verzweifelt genau auf diesen, als meine letzte Rettung, zusteuerte.

Gerade dabei, mich durch die Kleiderschichten zu arbeiten um endlich Erleichterung zu verspüren, kommen zwei Skifahrer direkt auf mich zu. Wie ich erfahre, Vater und Sohn aus Bayern. Sie sind beide sehr freundlich und kommunikativ. Ich bemühe mich, diese Freundlichkeit zurückzugeben und bete innerlich, dass sie mir die Schweißausbrüche nicht anmerken. Dann endlich konnte ich in die Knie gehen, um noch zu retten, was zu retten war. Mir war es mittlerweile völlig egal, ob mich dabei jemand sah oder nicht. Nur eines zählte: Befreiung, Erlösung und vor allem, eine saubere Hose.

Diese Geschichte wird von den anderen Teilnehmern immer wieder sehr gern und auf meine Kosten zum Besten gegeben.

Später werden wir Bungalows oder besser gesagt, Ferienhäuser favorisieren. Wir fühlen uns dort mit den Kindern unabhängiger und können so durch die Möglichkeit der Eigenversorgung viel Geld sparen.

Wieder mal war es an der Zeit, eine passende Unterkunft zu finden. Seit Tagen durchstöberten wir die Zeitungen nach so einem Schnäppchen. Ein kleines Reisebüro in Berlin-Lichtenberg bot einen Bungalow im Ferienpark am Scharmützelsee an. Preislich genau unsere Kragenweite und vor allem keine lange Anfahrt. Da wir nicht viele Gestaltungsmöglichkeiten hatten und die Dame uns mit ihrer Beschreibung überzeugte, buchten wir sofort. Was wir dort vorfanden hatte aber nicht wirklich viel mit dem zu tun, was das Angebot versprach. Dieser Bungalow entpuppte sich als Unterkunft, die sich 3 Parteien teilen mussten. Jede hatte ein Zimmer, Bad und Küche mussten von allen gemeinschaftlich genutzt werden. Die Ausstattung mit Geschirr war mager, die Sauberkeit ließ zu wünschen übrig. Ein Zimmer bewohnte eine Gruppe überaus agiler Jugendlicher, das andere Zimmer teilte sich ein Ehepaar mit 2 Kindern. Wie wir am Abend beim gemeinsamen Frustsaufen erfahren, ein junger Chirurg, der endlich einmal eine ruhige und erholsame Zeit mit seiner Familie verbringen wollte. Die jungen Leute im Nebenzimmer sahen das natürlich ganz anders, was auch wir später zu spüren oder eben zu hören bekamen. Die andere Familie wird am folgenden Tag vorzeitig die Heimreise antreten und auch wir werden den Aufenthalt mal wieder abkürzen.

Ein späterer Urlaub führte uns dann in die Slowakei. Das Häuschen sehr niedlich, mitten im Wald, laut Angaben des Prospektes, direkt neben einer Badestelle. Diese Badestelle war, wie wir bei unserem ersten Besuch feststellen, wohl seit Jahrhunderten nicht mehr von Menschen genutzt und somit mittlerweile eher ein Biotop und Paradies für Frösche. Ansonsten nichts in dieser Richtung weit und breit. Glücklicherweise hatten wir ein kleines Schlauchboot mit, füllten es den Kindern nun täglich mit Wasser, was bei ihnen die Urlaubsfreude nicht schmälerte. Leider wird Mandy nach nur wenigen Tagen an einer sehr schweren Angina erkranken und Dirk sich mit ihr auf den Weg zum Arzt nach Bayern machen müssen.

Genau an diesem Tag werde ich erfahren, dass bei unserer Buchung leider ein Fehler unterlief und wir dadurch unsere Unterkunft noch einmal wechseln müssten. Wie man uns aber versicherte eine Alternative, die unserer gebuchten in Nichts nachstünde, letztendlich aber zur absoluten Katastrophe wurde. Direkt neben einem Kuhstall gelegen, können wir uns dort vor Fliegen nicht retten. Ich hatte so etwas bis dahin, trotz eigener Urlaube auf dem Bauernhof als Kind, noch niemals erlebt. Selbst das Essen wurde zur Tortur. Nie war man davor gefeit, einen dieser Mitbewohner zu verschlucken. Dazu kamen die Mäuse – wobei ich hoffe, dass es nur Mäuse waren, die sich jeden Abend unter den Schränken und Betten unüberhörbar auf den Weg machten. Auch diesen Urlaub brechen wir vorzeitig ab. Mittlerweile schon dafür bekannt immer ein paar Tage früher als erwartet, wieder zurückzukehren.

Meine Schwiegereltern, die zu diesem Zeitpunkt die Urlaubsbetreuung unserer Vierbeiner und die Pflege von Haus und Garten übernahmen, wurden von uns oft schneller erlöst, als erwartet.

Was rückblickend eigentlich das Bemerkenswerte ist, dass wir dennoch niemals auf die Idee kamen, uns zu beschweren oder sogar Regress zu fordern. Ein Ossi-Gen oder ganz einfach pure Blödheit?!

Unsere erste Fernreise wird uns irgendwann in die Türkei führen. Ich kann mich noch genau erinnern. Schon das Fliegen sollte für mich zur Herausforderung werden. Diesen tiefen Respekt davor habe ich bis heute nicht verloren. Nachdem ich meinen Platz eingenommen habe und die Passagiere, die an mir vorbei laufen, genau beobachte, ertappe ich mich stets bei dem Gedanken: „Das sind nun also die Menschen, mit denen du sterben wirst!“

Gemeinsam mit meinen Eltern, den Hauptsponsoren, verbringen wir dort Ende März eine ereignisreiche Woche, genießen Sonnenwetter, Gastfreundschaft, Herzlichkeit, tolles Essen und vor allem erschwingliche Preise. Eine Limo 40 Pfennige, ein Bier eine Mark, ein Essen 2 bis 3 Mark. Heute ist manches mittlerweile leider bereits genauso teuer, wie bei uns.

Dort lernen wir eine Westberliner Familie mit 2 Kindern kennen. Gleich springt ein Funke über und wir verstehen uns super. Ausgestattet mit einem ähnlichen Humor und Kindern, die gut miteinander konnten. Wir tauschen beim Abschied unsere Adressen und Telefonnummern aus, besuchen uns dann sogar gegenseitig. Zuerst machen wir uns auf den Weg in ihr niedliches, sehr gepflegtes Reihen-Häuschen. Was mir in besonderer Erinnerung blieb, die gemütliche Kellerbar. Sie war Hausfrau, er, wenn ich es recht in Erinnerung habe, Kantinenchef eines bekannten Pharmaunternehmens aus Berlin.

Wir werden überaus herzlich bewirtet und verbringen den Abend später in dieser Bar. Zum Abschluss wird der Gastgeber uns vermitteln, dass die Bar eigentlich schon seit Jahren nicht mehr genutzt wird und auch dieser Abend eine Ausnahme sei. Er ließ es sich beim Abschied, trotz unseres Protestes aber nicht nehmen, einen Obolus für das bestellte Taxi beizusteuern. Natürlich fand auch ein Gegenbesuch zeitnah bei uns statt und natürlich waren auch wir bestens vorbereitet, bewirteten unsere Gäste liebevoll, so wie schon immer bei uns üblich.

Sie kamen mit großen Taschen, hatten alles für uns eingepackt, was sie entbehren konnten! Kleidung, Dekorartikel, Gardinen und weitere Einrichtungsgegenstände. Sicher ganz liebevoll und sehr herzlich gemeint und von uns auch entsprechend empfunden, werden sie aber spätestens bei den Gardinen feststellen müssen, dass es bei uns nicht ganz so schmucklos war, wie man sich das wohl vorgestellt hatte. So schämte ich mich in diesem Moment erstmals für meine wunderschönen Gardinen, die eigentlich mein ganzer Stolz waren: Ein Traum mit echter Plauener Spitze, vor Jahren in der DDR erstanden. Ich bedankte mich ganz herzlich für alles. Ein weiteres Treffen wird es aber nie wieder geben.

Die Türkei werden wir noch öfter bereisen. Dadurch lernten wir im Laufe der Jahre viele Einheimische aber auch viele Türken aus Deutschland kennen und mögen. Frauen ohne und manchmal auch mit Kopftuch. Ich weiß, dass sich bei diesem Thema die Geister scheiden. Ich persönlich störte

mich daran nie, ob in der Türkei oder in Deutschland. Vorausgesetzt: diese Frauen handelten aus eigenem Antrieb und fühlten sich weder durch Familie noch Tradition dazu gezwungen.

Wir trafen auf liebevolle Ehemänner und Väter aber auch auf manch Despoten, glückliche aber natürlich auch gescheiterte Beziehungen. Eben ganz normale Geschichten, die das Leben wohl überall auf der Welt schreibt. Nicht selten, dass jemand von ihnen das Gespräch auf ihren Glauben oder den Koran brachte: „Wisst ihr, so vieles wurde in der Vergangenheit einseitig interpretiert. Das lag vielleicht daran, dass die Menschen selbst oft nicht lesen konnten und mancher Imam (Prediger) dies nutzte, um seine ganz subjektive Auffassung weiterzugeben. So verfestigte sich manches über Jahrhunderte. Aber mittlerweile ist doch jeder in der Lage, selbst zu lesen, sich sein eigenes Bild zu machen und entsprechende Schlüsse zu ziehen. Was mir auffiel, dass öfter zu hören war: „Ich verstehe nicht, wie sich manche Landsleute in Deutschland benehmen" oder „die Einheimischen kann man mit den Türken in Deutschland gar nicht vergleichen" oder „mich Türken aus Deutschland hauen die hier genauso übers Ohr, wie euch!" Ich fragte mich so manches Mal, woran das wohl lag? Natürlich beobachteten auch wir gewisse Unterschiede. Das Leben in Deutschland hinterließ Spuren, völlig normal. Ein Leben zwischen zwei Kulturen, sicher mit vielen Bereicherungen aber für manchen auch mit Gratwanderungen verbunden. Waren sich nun die Türken dadurch untereinander auch nicht mehr grün? Ich stellte im Laufe der Jahre aber fest, dass dieses Phänomen wirklich überall zu finden war. Einer fühlt sich immer grüner als der andere und ist der Meinung, dass genau sein Grün den richtigen Ton hat. Selbst Schweizer Freunde erzählten uns davon. Die demonstrierte Ablehnung zwischen deutsch- oder französisch sprechenden Schweizern, auf die sie im eigenen Land immer wieder stoßen.

Dabei fällt mir ein Witz ein, ehemalige Ossis werden ihn kennen: „In Südafrika wurde das Ende der Apartheid ausgerufen. Ein Schulbusfahrer wird das für sich entsprechend umsetzen: „Also Kinder, ab heute seid ihr alle gleich, nämlich grün. Nun bitte ich euch einzusteigen, und zwar die Hellgrünen nach vorne und die Dunkelgrünen nach hinten.

Aber zurück in die Türkei. Ich möchte von Jadikar berichten: einer Frau in den besten Jahren, die ihr bestes Jahr aber nicht ganz genau benennen kann, weil es zwei verschiedene Angaben zu ihrem Geburtsdatum gibt. Wie ich erfahre, keine Seltenheit in der Türkei. Sie wird uns ihre ganz persönliche Geschichte erzählen: mit (vielleicht?!) 18 Jahren kam sie vor vielen Jahren ganz allein nach Deutschland als sogenannte Gastarbeiterin. Um infrage zu kommen, musste sie eine regelrechte Fleischbeschau über sich ergehen lassen. Nur ganz gesunde und kräftige Arbeiter und Arbeiterinnen sollten nach Deutschland reisen dürfen. Sie kam in Berlin in einer Metallfabrik unter, wo sie viele Jahre tätig war. Nie war sie in der Lage, die deutsche Sprache perfekt zu erlernen: „Wie sollte das auch gehen, alle meine Kolleginnen und Kollegen waren Ausländer verschiedener Nationen, wir verstanden uns ja teilweise nicht mal untereinander." Später heiratete sie einen Türken mit albanischem Wurzeln und brachte 2 Kinder zur Welt, die sie zu selbstbewussten Menschen erzog. Natürlich legte sie großen Wert auf die Bildung ihrer Kinder. Ihr Sohn arbeitet im gehobenen Dienst der Berliner Kriminalpolizei, ist ein Spezialfahnder und ihre Tochter Flugbegleiterin bei der Lufthansa. Beide sprechen ein einwandfreies und sehr gepflegtes Deutsch und versuchen immer noch, auch ihre Mutter auf den richtigen Weg zu bringen: „Mensch Mama, gib dir doch mal Mühe, das ist ja echt peinlich!" Ich aber liebe ihre Art, zu reden: „Hallo Schatzi, Süße, wie geht dir meine Schatzi, alles gut mit dir?" Auch sie wird ein Leben lang diese Gradwanderung zwischen zwei Kulturen erleben. Mittlerweile von ihrem Mann getrennt lebend – er entschied sich dann für eine Deutsche – ist es ihr bei ihren Besuchen in der Türkei nicht möglich, zum Beispiel allein oder mit einem Mann ins Restaurant zu gehen, geschweige denn allein Besuch von einem Mann zu empfangen. Sie lebt mit diesen Regeln, liebt ihre Heimat über alles und verbringt dort so viel Zeit, wie möglich.

Wenn sie aber dafür kritisiert wird, dass ihre 25 jährige Tochter allein mit Freundinnen eine Diskothek besucht, wird sie sich eindeutig positionieren: „Meine Tochter ist in Deutschland geboren und aufgewachsen. Sie ist eine

moderne junge Frau, worauf ich sehr stolz bin. Darum werde ich ihr das nicht verbieten."

Wir werden weiter unsere Urlaubstradition pflegen. Die Kinder, auch wenn sie bereits ihre eigenen Wege gingen, werden gern daran teilhaben. Damit schonen sie ihren Geldbeutel und später, als die Enkel unsere Familie komplettierten, auch ihre Nerven. So kommt es, dass wir eigentlich so gut, wie nie allein unterwegs waren. Ein paar kleine Ausnahmen, die wir dann aber auch sehr genossen, bestätigen diese Regel.

Ein Urlaub mit Moritz ist mir dabei in besonderer Erinnerung geblieben. Es war das Jahr seiner Einschulung. Wir hatten in Pula, einem schönen kroatischen Städtchen direkt am Meer, einen Wohnwagen gemietet. Mit dem Auto machten wir uns nachts auf den Weg, in der Hoffnung, dass Moritz erst einmal einige Stunden schläft. Wir hatten Glück. Als wir dann endlich nach 12 Stunden Fahrt völlig erschöpft ankamen, sprang Moritz munter aus dem Auto: „Oma, Opa und was machen wir jetzt? Baden, Fußball oder Federball?" Wir beide schauten uns völlig verzweifelt an. Es blieb uns nichts weiter übrig, als die Erschöpfung der Fahrt erst einmal beiseitezuschieben. In diesem Alter neigte Moritz dazu, bei Nichtgefallen sofort ein langes Gesicht zu ziehen und zu schmollen. Nicht genug, litt ich zusätzlich den ganzen Urlaub unter furchtbaren Zahnschmerzen.

Drei Tage wird Moritz uns

rund um die Uhr auf Trab halten. Dann reiste direkt neben uns glücklicherweise eine Familie mit drei Kindern an! Von da an hatten auch wir einmal Phasen, in denen wir durchatmen konnten.

Eine sehr lustige Episode gibt es von dort auch noch zu berichten. Wir waren in dem Restaurant am Strand zum Abendbrot. Moritz war bereits fertig und spielte auf dem Steg. Stundenlang konnte er dort die Fische beobachten oder ließ die mit Opa selbst gebauten Boote ins Wasser. Da er bereits schwimmen konnte und das Wasser dort nur kniehoch war, wagten wir auch manchmal einen Blick in die andere Richtung. Plötzlich steht Moritz vor uns: „Liebe Oma, lieber Opa, es tut mir wirklich sehr, sehr leid. Aber ihr müsst leider sofort bezahlen." Bis dahin hatte er sich völlig im Griff, dann brach es aus ihm heraus. „Ich bin nämlich ins Wasser gefallen.", sagte er schluchzend. Alle Gäste fühlten mit ihm und bewunderten seine Fassung und Höflichkeit. Wenn wir manchmal auch bei diesen Urlauben an unsere Grenzen gerieten, möchten wir diese Erinnerungen doch niemals missen. So schnell vergeht die Zeit und die Kinder gehen ihre eigenen Wege. Heute ist Moritz bereits 11 Jahre alt. Seine Leidenschaft: Fußball, Er lebt sie beim 1. FC Union Berlin.

Sein Kampf um die Zulassung zum Sportgymnasium für Fußball war erfolgreich. Wir drücken ihm ganz fest die Daumen und hoffen, dass er seinen Traum lange leben kann.

Die ersten Veränderungen

Wie ich bereits schrieb, gab ich im Jahr 1996, genau am 10. November das Rauchen auf. Nach vielen gescheiterten Versuchen werde ich es diesmal aber endlich schaffen. Natürlich ein harter Kampf, der nicht ohne diese gefürchtete Gewichtszunahme daher geht. Aber auch das Problem werde ich langfristig wieder regeln. Auf der einen Seite überglücklich, dieser Geißel entkommen zu sein, beobachte ich von da an Veränderungen an mir. Ich ziehe mich zurück, habe immer seltener Lust, an Veranstaltungen teilzunehmen, sage darum viele Verabredungen einfach kurzfristig ab. Was war nur los mit mir? Ich persönlich werde mir das mit dem Älterwerden oder eben der fehlenden Geselligkeit der Nichtraucher erklären.

Mein Job beansprucht mich stark, die Anforderungen und der Arbeitsaufwand steigen stetig. Klaus, mein Kollege ist mittlerweile hauptsächlich im Ausland unterwegs, eine qualifizierte und einsatzbereite Bürokraft zu finden, stellt uns vor große Probleme. Mehrere Versuche endeten schon vor Ablauf der Probezeit.

Der einen war es einfach zu stressig, schließlich wollte sie ja nur ein bisschen „dazu" verdienen und etwas Abwechslung vom Hausfrauendasein, eine andere entpuppte sich als Psychopatin, die irgendwann vollkommen wirr das ganze Büro komplett mit Zetteln auslegte und sortierte und sortierte.

Dann kam Elena, wie ich später erfahre, eine Russlanddeutsche. Ihre Augen strahlten stets fröhlich und ich liebte diese Wärme, die sie umgab. Auch wenn ihr Arbeitsstil manchmal wirklich chaotisch war und mich oft an meine Grenzen trieb, genoss ich menschlich diese Zeit mit ihr sehr. Sie wird sich dann aber irgendwann entschließen, ein Studium zu beginnen und so endet auch dieses Kapitel.

Darum ist es keine Seltenheit, dass ich bereits um 5.00 Uhr im Büro bin und es dann erst gegen 18.00 Uhr wieder verlasse, um das Tagesgeschäft einigermaßen zu bewältigen.

Irgendwann entschließen wir uns, auszubilden. Den Zuschlag erhält eine junge Abiturientin. Schon die ersten Tage werden diese junge Frau vor unsagbare Probleme stellen: nämlich vor die Prozentrechnung. Ich musste nun erleben, dass die Hochschulreife nicht unbedingt bedeutete, dass man wusste, was eine Hälfte ist. Weder konnte sie mir sagen, wie viel 50%, 10%, geschweige denn -25% von etwas sind. So saß ich mit ihr stundenlang, malte Torten, um ihr entsprechendes Wissen und Verständnis bildlich zu vermitteln. Irgendwann wird es mir auch bei ihr, der 20 jährigen Abiturientin, wie bei meinen eigenen damals 10 oder 12 jährigen Kindern gelingen. Dennoch erschreckte mich das zutiefst und ließ die Frage aufkommen, welche Prioritäten bei der Schulbildung mittlerweile gesetzt wurden.

So kämpfte ich mehrere Jahre gegen dieses Gefühl an, wieder nicht auf dem Laufenden zu sein, empfand mich, wie ein Hamster im Laufrad.

Von Woche zu Woche abgeschlagener, bin ich irgendwann völlig am Ende, beantrage darum für Danny und mich eine Mutter-Kind-Kur. Er wird bald 13 Jahre alt und somit ist es für uns die letzte Chance, in diesen Genuss zu kommen.

Wir werden nach Scheidegg im Allgäu fahren und 3 wunderbare Wochen verleben. Schnee, Sonne pur, tolles Essen, sehr gute Betreuung. Wir erholten uns prächtig und ich sammelte wieder neue Kräfte und Zuversicht. Auch Danny wird von dieser Kur profitieren, danach lange Zeit von Migräneanfällen verschont bleiben. Nach unserer Rückkehr können wir beide uns wieder mit Freude und Elan unseren Aufgaben widmen.

Abi 1998

Nun war es soweit, bei Mandy ging es langsam in den Endspurt. Die letzten Jahre hatte die Lust am Lernen etwas nachgelassen, was sich natürlich auch in ihren Noten widerspiegelte. Sicher hatte sie am Anfang eines jeden Schuljahres immer die besten Vorsätze aber schnell siegte, so mein damaliger Eindruck, wieder dieser innere Schweinehund. Ich kannte von mir ja Ähnliches und bewertete es darum nicht über. „Ein Hänger, sie wird sich im entscheidenden Moment zu motivieren wissen", waren stets meine Gedanken. Irgendwann werden wir nur noch die Noten zu Gesicht bekommen, die sie für richtig oder würdig hielt, weil mit der Vollendung des 18. Lebensjahres die Unterschrift der Eltern nicht mehr erforderlich war. Dass sie das bereits früher bei Bedarf so hielt, werden wir erst später erfahren.

Da ich dieses Punktesystem an den Gymnasien, wenn ich ehrlich bin, niemals wirklich durchschaute, vertraute ich auf die Aussagen, die bis zum letzten Tag überzeugend und zuversichtlich klangen.

Leider hatte sie bis zu diesem Zeitpunkt immer noch keine großen Vorstellungen davon, was sie eigentlich vom Leben wollte, wie ihre berufliche Zukunft aussehen sollte. So durchstöbern wir wieder die Zeitungen, machen ihr viele Vorschläge. Sie wird sich dann unter anderem bei der Berliner Polizei und einem Großhandelsbetrieb bewerben. Den Eignungstest bei der Polizei besteht Mandy, bis auf den 2000 Meter Lauf, bei dem sie nicht ganz in der vorgeschriebenen Zeit bleibt, ohne Probleme. Man räumt ihr die Möglichkeit ein, diesen Teil nach einer entsprechenden Trainingsphase noch einmal zu wiederholen.

Die Personalchefin des Großhandelsbetriebes ist sofort von dem offenen und freundlichen Wesen unserer Tochter begeistert, stellt sie der Geschäftsführerin vor und so erhält Mandy noch am Tage ihres Vorstellungsgespräches die Zusage für einen Ausbildungsplatz.

Schon damals neigte sie dazu, immer diesen Weg des geringsten Widerstandes zu gehen. So war ich nicht überrascht, als ich zu hören bekam: „Also Mutti, ich habe mich für die Ausbildung bei dem Großhandelsbetrieb entschieden!" Ich hatte nichts anderes erwartet, diesen hatte sie ja in Sack und Tüten, warum dann den Sporttest bei der Polizei noch einmal wiederholen? „Mandy, das ist deine Entscheidung, geht es ja auch um dein

Leben, deine Zukunft. Aber vorher werden wir dennoch trainieren und du zum Sporttest antreten. Ganz egal, wie er dann ausfällt, liegt die letzte Entscheidung natürlich in deiner Hand, du bist der Boss!"

So fuhr ich sie nun täglich nach der Arbeit in ein Stadion, um zu trainieren. Danny als Zugpferd, das laufen konnte, wie ein Wiesel – immer vorneweg – Mandy hinterher.

Natürlich bestand sie den Test beim zweiten Mal und entschied sich danach für die Ausbildung bei der Berliner Polizei.

Bereits seit knapp zwei Jahren ist Mandy mit Jurek befreundet, wie sie zu diesem Zeitpunkt schwören wird, der Liebe ihres Lebens. Jurek, ein junger Mann mit dem Herzen auf dem rechten Fleck, der es dennoch nicht lassen konnte, die Umgebung mit seinen manchmal schon sehr außergewöhnlichen Standpunkten zu überraschen aber auch zu provozieren. Er, der das Abi dann mit links und einem sehr guten Notendurchschnitt über die Bühne bringt, wird Mandys Berufswahl lange Zeit infrage stellen.

Mandy, die wohl selbst bis zur letzten Minute inständig hoffte, wird nach ihrer letzten mündlichen Prüfung bei mir im Büro anrufen: „Mutti, es ist schief gegangen." Es fehlte ihr ein Punkt zum Erfolg. Auch wenn mir später viele Seiten bestätigen, dass sie damit auch Opfer der Willkür einer Lehrerin wurde, die schon lange keinen Hehl aus ihrer Abneigung gegen sie machte, hatte aber auch Mandy persönlich wohl schon geraume Zeit sehr eng gepunktet.

Natürlich, sie ist nicht die Erste und wird auch nicht die letzte bleiben und natürlich, es gibt Dramatischeres. Um mit den Worten meiner Oma zu sprechen: „Ein Beinbruch wäre viel schlimmer!" Dennoch begann ich mir darüber Gedanken zu machen, woran es lag, dass ihr manche Dinge einfach entglitten. Immer öfter werden wir zukünftig mit diesem Phänomen konfrontiert, stellen fest, dass sie selbst Dinge, die förmlich auf der Hand lagen, auf ihre ganz persönliche Weise interpretierte ja oft sogar negierte und ihr Schicksal immer wieder bis auf Messers Schneide herausforderte. Erst Jahre später werden wir zumindest für manche Besonderheiten eine Erklärung bekommen: „ADHS im Erwachsenenalter – ein Buch für sich"

Wir standen nun aber erst einmal vor einem Scheideweg. Wie sollte es weitergehen? Das letzte Jahr Schule wiederholen, um den Fauxpas auszubügeln? Wäre der Ausbildungsplatz bei der Polizei, damals noch mit Übernahmegarantie und Verbeamtung so lange sicher? Wir stellten gemeinsam lange alle Für und Wider gegenüber und Mandy entschied sich letztendlich dafür, die Ausbildung anzutreten. Im Auge dabei immer, die verpasste Gelegenheit irgendwann nachzuholen. Auch wenn sie es später oft anders sieht und durch ein tiefes Tal wandern muss, war das auf lange Sicht wohl ihr absolutes Glück.

Die Beziehung zu Jurek gestaltet sich erst sehr liebevoll, später oft, wie das Wetter. Himmelhoch jauchzend, zu Tode betrübt, alles konnten wir erleben: „Mutti, wir müssen uns eben erst einmal zusammen streiten" war Mandys Kommentar. Ich versuchte ihr vorsichtig zu sagen, dass man sich zwar auch streiten kann, wenn man zusammen ist, aber ständiges Streiten wohl eher auseinander treibt. Doch Mandy hat ihre eigene Interpretation und Definition – Seelenverwandtschaft.

Wer als Eltern schon einmal in ähnlicher Situation war, weiß, dass diese Äußerung eine Mahnung bedeutet, nämlich sich entsprechend zurückzuhalten, ob als guter Berater oder Kritiker. Mittlerweile ist uns klar, dass man niemanden vor bestimmten Erfahrungen wirklich bewahren kann, sehr wohl kann man ihn danach auffangen.

Aber und auch das möchte ich auf keinen Fall unerwähnt lassen, natürlich gab es zwischen ihnen auch sehr viele und unwiederbringliche wunderbare und harmonische Momente. Was ich bei Jurek immer bewunderte, war diese Gabe, Mandy mit Aufmerksamkeiten zu überraschen, sich immer etwas ganz Besonderes für sie einfallen zu lassen und dabei selbst vor Glück und Freude zu strahlen. Genauso wie er provozieren konnte, hatte er auch die Sensibilität zuzuhören und für viele Dinge, auch wenn sie ihm noch so fremd waren, Verständnis aufzubringen.

Irgendwann wird es dann ein kurzzeitiges Aus zwischen beiden geben, Mandy kurz danach ihre erste eigene Wohnung beziehen. So erfahren wir von der Versöhnung erst geraume Zeit später.

Das Jahr 2000

Nun haben wir ihn hinter uns gebracht, diesen Wechsel in ein neues Jahrtausend. 10 Jahre sind wir nun schon Bundesbürger. Genau 3 Jahre länger, als Dirk in Marxwalde seinen Traum leben konnte. Die Zeit verging im Fluge. Ja, man hat sich eingerichtet und ohne den Übergang wirklich zu spüren, ist man in dem neuen Leben angekommen.

Vor uns liegen unsere 40. Geburtstage und die bevorstehende Geburt unseres ersten Enkelchens. Wir wissen bereits, dass Es ein Er werden und Moritz heißen soll. Ich kann mich genau an den Tag erinnern, als Mandy anrief: „Mutti, können wir kurz bei euch vorbeikommen?" und war mir sofort sicher, was sie sagen wird: „Ich bin schwanger!" Mandy und Jurek von dieser Neuigkeit wohl überraschter als wir, sitzen erst einmal völlig ratlos vor uns: „Meinst du, dass ich ein guter Vater sein kann, ich habe doch gar keine Ahnung?" „Jurek, es gibt immer diese Herausforderungen, diese Aufgaben, in die man ganz langsam hineinwächst. So ist das auch mit dem Elternsein. Dafür gibt es kein Patentrezept. Jeder meistert es auf seine ganz spezielle Weise, wichtig ist einzig und allein, dass ihr euch von Herzen dafür entscheidet. Wir werden euch, egal wie ihr euch entscheidet, so gut wie möglich zur Seite stehen.

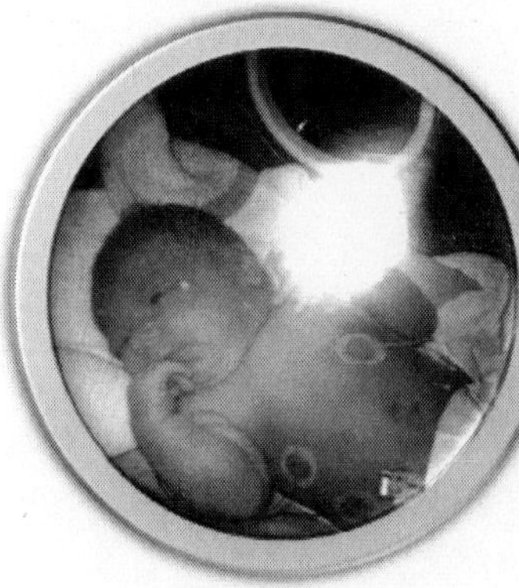

So kommt es, dass ich am 23. März 2000 meinen 40. Geburtstag begehe und am 07. April 2000 zu einer Oma werde. Dirk, der mir ja erst am 11. Dezember folgen wird, nun zu einem 39 jährigen Opa. Ein wunderschöner Moment, der uns mit Stolz und Glück erfüllte und kurze Zeit für Ablenkung von der dramatischen Gesundheitssituation meines Vaters sorgen wird.

Mutter und Sohn sind erst einmal völlig erledigt. Moritz, der auf seinem Weg in diese Welt auf einige Widerstände stieß und Mandy, die diese sehr schmerzlich in sich spürte, brauchen ein paar Tage, um sich zu erholen. Ich bin, als ich den Kleinen das erste Mal sehe, von seiner Größe und seinem Gewicht überwältigt und bewundere meine Tochter zutiefst für das, was sie da geleistet hatte. Gemeinsam mit den Eltern von Jurek, Marga und Dieter, werden wir an diesem Abend bei uns zu Hause eine Flasche Champagner leeren und uns dabei absolut einig sein, noch nie so ein schönes Baby gesehen zu haben. Ich musste herzlich schmunzeln, kamen mir diese Worte doch irgendwie bekannt vor.

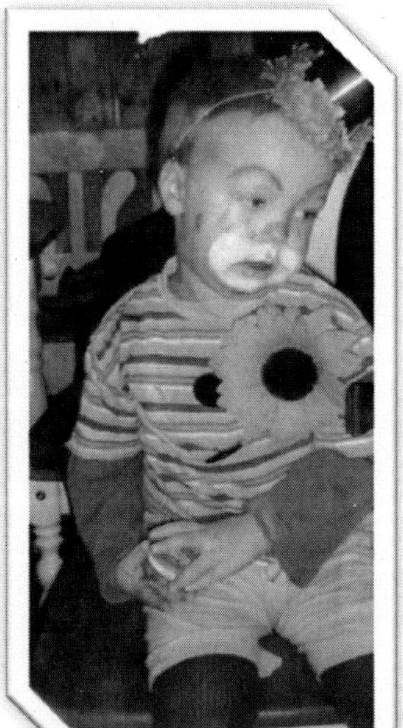

Moritz gedeiht prächtig, bei seiner Entlassung hat er sich bereits von allen Strapazen erholt. Irgendwann geht es dann los, dieses ständige Weinen, was niemand sich erklären kann und Mandy sehr verunsichert. Dann, nachdem ich beim Windeln diese Beule in der Leiste entdecke, werde ich Mandy sofort zu unserer behandelnden Ärztin schicken. Es ist Wochenende. Deshalb wird Mandy sie, die nur unweit von uns entfernt wohnt, zu Hause aufsuchen. Ja in Berlin-Karlshorst ist so etwas im Ernstfall noch möglich. Sie schaut sich den Kleinen an und bestätigt meinen Verdacht: Leistenbruch! Da der Darm sich bereits verklemmt hatte, war nun Gefahr in Verzug. Moritz wurde umgehend – ohne Komplikationen – in der Charité operiert. Von da an war er ein ausgeglichenes und zuckersüßes Baby. Wir genossen unsere Aufgabe als Großeltern, betreuten ihn lieber heute als morgen. Die Kinder werden meinen Vater, Moritz Urgroßvater, bis zu seinem letzten Tag regelmäßig im Krankenhaus besuchen. So kam er trotz allem in den Genuss, seinen Urenkel bewusst, ja überglücklich zu erleben und schon mal seinen Autokauf zu planen ...

Jurek, der bis dahin weder ein Studium noch eine Ausbildung in Betracht gezogen hatte wird nun, auf unser Drängen hin, eine duale Ausbildung bei einem bekannten Großhandelsunternehmen beginnen und sich dadurch zeitweilig in Frankfurt am Main aufhalten. Mandy, nach über einem Jahr ihre durch Moritz Geburt unterbrochene Ausbildung bei der Polizei fortsetzen. Dienstbeginn dort 7.00 Uhr, sodass Moritz nun über viele Monate bei uns schläft, um morgens in die Kindertagesstätte gebracht zu werden. Natürlich entwickelte ich dadurch eine besonders innige Bindung zu ihm. Wer in dieser Zeit wohl besonders zurücksteckte, war unser Sohn Danny. Stets war da dieses kleine Wesen, das seine Eltern nun vollkommen beanspruchte und einen Großteil ihrer Aufmerksamkeit forderte. Nie hat er darüber ein Wort verloren, nie hat er nur einmal dagegen opponiert. Im Gegenteil! Er wurde zum Teil dieser Maschinerie und in dieser Zeit zum großen Bruder und irgendwann zum Onkel.

Nebenbei ging ich ja noch arbeiten. Auch dort hatte sich einiges verändert. Durch den Wechsel unserer Gesellschafter ging auch Herr H., mein Geschäftsführer, zu einem anderen Unternehmen und bei uns begann eine grundlegende Umstrukturierung.

Es folgen Jahre der beruflichen Weiterentwicklung, ich wurde sozusagen hochgeschossen. 1996 angefangen als Bürokraft, alles von der Pike auf gelernt oder selbst erarbeitet, macht man mich nun zur leitenden Kauffrau. Natürlich werde ich auf dieser Planstelle nie der Gehaltsstufe, die der Tarif dafür vorsah und die man sicher hätte anderen ohne Wenn und Aber zahlen müssen, zugeordnet. Man schlägt mir aber vor, nach 6 Monaten der Bewährungsprobe einen Zuschlag zu erhalten. Ich nutze die Chance, punkte durch entsprechende Leistung und entwickle mich auch finanziell langsam weiter. Der Betonmarkt in Deutschland stand zu dieser Zeit allgemein vor großen Umstrukturierungen. Noch nicht lange war es her, dass sehr hohe Kartellstrafen wegen jahrelanger Preisabsprachen auf dem Berliner Markt verhängt wurden. So nutzten wohl viele Gesellschafter die Gunst der Stunde, zogen entsprechendes Kapital ab, sich selbst danach zurück und neue Gesellschafter oder Geschäftspleiten waren die Folge. Ich selbst werde Zeuge einer solchen.

Aus einem bis dahin recht erfolgreich arbeitenden Betonwerk in Cottbus, von unseren Gesellschaftern irgendwann zu 100% erworben wird, wenn ich es recht in Erinnerung habe, in nur ein- oder zwei Jahren ein geschlossenes Werk in Cottbus. Nachdem ich mich geraume Zeit regelmäßig auf den Weg dorthin machte, um die Arbeit der bereits entlassenen Kolleginnen zu übernehmen, werden die letzten Überlebenden dann irgendwann den Weg nach Berlin antreten.

In diesem Jahr wird es für mich persönlich einen weiteren Höhepunkt geben. Ein Klassentreffen nach 24 Jahren, in denen ich von meinen Mitschülern weder etwas sah noch hörte. Wir waren damals wirklich eine verschworene Truppe und so war ich auf dieses Wiedersehen nach der langen Zeit besonders gespannt. Ich kann im Nachhinein nur eines sagen, ich danke dem, der diese Idee hatte. Wir trafen uns irgendwo in Marzahn. Natürlich war ich aufgeregt, was, wenn ich niemanden mehr erkenne? Aber weit gefehlt. Ich betrat den Raum, schaute mich um und sah in die ersten vertrauten Gesichter. Natürlich gab es auch diejenigen, die ich erst erkannte, nachdem ich ihre Stimme hörte oder sie mir ganz einfach einen Tipp gaben. Es war eine wunderbare Atmosphäre, wir alle wurden wieder zu 16 oder 17 jährigen, die in ihren Erinnerungen schwelgten. Daraus wird sich, wie wir es nennen, ein harter Kern entwickeln, der sich danach nie wieder ganz aus den Augen verlor: Roland, Jörg, Babsi, Christa, Stephan, Michi und mit in den Kreis aufgenommen Dirk. Auch wenn der eine oder andere sich zeitweilig rarmacht oder die Pausen zwischen den Treffen größer werden, gibt es zwischen uns diese ganz besondere Bindung, die ich Urvertrauen nenne.

Wir trugen uns gegenseitig durch manch schwere Zeit. Leider hat es gesundheitlich einige von uns getroffen.

Babsi, die sich mit MS herumschlagen muss und als sei das nicht schon genug, kurze Zeit später an Brustkrebs erkrankt. Wir waren bei ihr, als Gesprächspartner, Mutmacher und Freunde. Kurz vor der Operation schickten wir ihr eine Videobotschaft, später häkelte ich ihr ein paar Mützchen für die Zeit der Chemotherapie. Sie versorgte Dirk im Gegenzug dann irgendwann mit entsprechenden Salben.

Christa, deren Leben völlig auf den Kopf gestellt wurde, als ihre Tochter kurz nach Beendigung ihrer Ausbildung zur Krankenschwester an einem Hirntumor erkrankte. Nichts war mehr so und nichts wurde danach, wie es einmal war.

Trotz dieser eigenen physischen und psychischen Belastung hat sie ihr Lachen niemals ganz verloren und sich stets das Mitgefühl für andere bewahrt. Bemerkenswert ihre Gabe zuzuhören und Mut zu spenden oder einfach nur einmal ausgelassen fröhlich zu sein. So schauen wir gemeinsam auf viele schöne Abende zurück. Nur von einem möchte ich berichten. Wieder war eine kleine Zusammenkunft geplant. Jörg musste diesmal leider passen, weil erst an diesem Tage seine Rückkehr aus dem Tunesienurlaub geplant war. Meine scherzhafte Antwort: „Das ist keine Entschuldigung. Von Schönefeld bis zu uns benötigst du mit dem Taxi 20 Minuten, wo ist das Problem? Wir werden uns ohne Jörg an einem Freitag treffen und einen langen und lustigen Abend verleben. Samstag, den Vorabend noch in den Knochen, sitzen wir beim Abendbrot und freuen uns, danach auf unser Sofa zu fallen und uns einfach nur vom Fernsehprogramm berieseln zu lassen. Es klingelt und wir schicken Danny mit der Bitte zur Tür, jeden ungebetenen Gast höflich abzuwimmeln. Plötzlich höre ich eine bekannte Stimme und Jörg kommt strahlend mit seinem zollfrei erworbenen Whisky in unsere Küche. Er schaut sich erwartungsvoll um und fragt: „Bin ich der Erste?“ „Nein, du bist der Letzte, die anderen sind bereits seit 19 Stunden zu Hause!“ Natürlich werde ich als die Schuldige für diese Fehlinformation ermittelt und natürlich schicken wir ihn

nicht nach Hause. Im Gegenteil. Ich rufe Stephan an. Er, der auch bereits gemütlich auf seinem Sofa lag, hatte keine Chance. Ich werde ihn, unter Androhung persönlicher Konsequenzen zwingen, sich auf den Weg zu uns zu machen. Auch dieser Abend wird zu einem unvergesslichen Erlebnis.

2001

„Nichts wird jemals wieder so sein, wie es einmal war." So viele formulierten entsprechend nach dem 11. September 2001. Ich selbst kann mich noch genau an diesen Tag erinnern. Ich hatte frei. Dirk ruft mich an. Er war auf dem Heimweg und befand sich, darauf schwört er, direkt auf dem Adlergestell: „Hast du schon gehört? Es ist etwas Schreckliches passiert!" Sofort schaltete ich den Fernseher ein. Was ich dort sah, war kaum zu ertragen. Die Twin Towers, vor denen wir bei unserem Besuch in New York selbst standen und Flugzeuge, die auf einmal dort hineinflogen. Menschen, die sich aus Todesangst aus den Fenstern in den sicheren Tod stürzten und andere, die dies nur unweit entfernt mit Erschütterung beobachten mussten, ohne helfen zu können. Viele Jahre sind seither vergangen. All Jenen, die ihr Leben an diesem Tage oder im Zusammenhang mit diesem Tag auf dramatische und so sinnlose Weise verloren und ihren Angehörigen gilt meine tiefste Anteilnahme. Dennoch frage ich mich, warum das alles geschehen musste? Ich habe wohl in den vergangenen Jahren jede Reportage darüber verfolgt und immer wieder stieß ich auf ein Wort: Öl..."

2002

10 Jahre nach Gründung der Europäischen Union bringt uns dieser erste Januar auch die neue Währung. Von nun an wird in Euro bezahlt. Jahrelang werde ich umrechnen, noch heute ertappe ich mich ab und an dabei und bin immer wieder überrascht über die Preise, die sich ja angeblich nicht verändert haben. Ich frage mich oft allen Ernstes, ob ich damals für ein Brot oder ein Kilogramm Äpfel wirklich fast 6 DM bezahlen musste oder ein Essen im Restaurant wirklich über 30 Mark kostete?

Am 07. April feiern wir Moritz zweiten Geburtstag. Kurz danach trennen sich seine Eltern. Für beide ein sehr schmerzlicher Prozess, den es zu verkraften galt.

So ist jeder von ihnen geraume Zeit auf seine ganz spezielle Art und Weise mit der Aufarbeitung und sich selbst beschäftigt und Moritz darum noch öfter bei uns. Mit den Jahren werden Mandy und Jurek es aber schaffen, einen vernünftigen Umgangston zu finden und als Eltern stets bemüht sein, im Sinne ihres Sohnes gemeinsam an einem Strang zu ziehen. Das war wohl die Geburt der Patchworkfamilie Böckmann, deren Tisch sich im Laufe der Jahre weiter füllen wird.

Ich würde lügen, wenn ich behaupte, dass dies genau das war, was wir uns immer für unsere Töchter vorstellten. Natürlich hätten wir den Kindern von Herzen glückliche Beziehungen und den Enkeln glückliche Eltern gewünscht. Aber das Leben schreibt eben seine eigenen Geschichten. Was ich mit Sicherheit heute sagen kann: Auch wenn es bis dahin ein sehr langer und oft steiniger Weg war. Es ist eine wirklich brauchbare und spannende Alternative, die den Kindern etwas sehr Wichtiges sichert: Nämlich den Kontakt zu beiden Elternteilen, ganz nach ihren Bedürfnissen. Das Besondere bei uns, jeder geht hier auch mit den anderen Kindern liebevoll um und fühlt sich bei Bedarf verantwortlich. So schauen wohl alle bei der Geburt eines „neuen" Babys ein. Jurek, der Papa von Moritz, der von Anfang an auch für Klärchen ein liebevoller Ansprechpartner ist. Micha, der Papa von Marvin war, wenn es sich einrichten ließ, stets Gast bei den Geburtstagen der anderen Kinder. Moritz Großeltern, Marga und Dieter, besuchten Mandy nach der Geburt von Klara im Krankenhaus. Ganz nach dem Motto, die Schwester ihres Enkels ist auch ihr Enkelkind. Hanne und Horst – die Großeltern von Klara – betreuten bereits alle 3 Kinder auf einen Streich.

Auch für Dirk stehen wieder berufliche Veränderungen an, die aber einen sehr traurigen Anlass haben. Günter, ein guter Freund meines Vaters, wird nur kurz nach seinem 60. Geburtstag anfangen, über Schmerzen hier und dort zu klagen. Schon zu Dannys Jugendweihe im Jahre 2001 fielen mir Veränderungen an ihm auf. Er hatte abgenommen und von seinem begnadeten Appetit war an diesem Tage nicht viel zu spüren. Aber das Bierchen schmeckte dennoch, seine große Klappe funktionierte auch, so machte ich mir keine **schwerwiegenden** Gedanken. Er, der mich bereits seit meiner Geburt kannte, später seine eigene Tochter auch Michaela nennen wird, versetzt mir bei unseren Treffen ganz schuldlos und unbewusst immer einen Stich ins Herz. Wenn er anfing zu reden, zu philosophieren, fragte ich mich immer, wer nun wen ein Leben lang kopiert hat. Er meinen Vater oder mein Vater ihn. Ich wusste aus seinen Erzählungen, wie sehr er meinen Vater verehrte, ja ich denke, sogar geliebt hat. Die Legende erzählt sich, dass Günter nach einer Jugendsünde keine Anstellung fand, mein Vater ihn, damals Leiter des Konsumkaufhauses am Alexanderplatz, auf Bitten von Günters Vater, eine Chance gab. Daraus entwickelte sich dann im Laufe der Jahre diese innige Beziehung. Beide einerseits so ähnlich und in vielem doch so unterschiedlich, werde ich mehrmals Zeuge, wie mein Vater ihm telefonisch fristlos kündigt, weil er mal wieder irgendwo nicht pünktlich war. Natürlich kam es letztendlich nie dazu. Günter wird nach dem Tode meines Vaters mit dem Schicksal hadern. Der Vorwurf an sich selbst, trotz der demonstrierten Ablehnung meines Vaters in den letzten Jahren, nicht doch noch einmal im Krankenhaus seine Hand gehalten und Abschied genommen zu haben.

Auch er nie ein Kostverächter wird sich daraufhin gründlich durchchecken lassen und danach zu uns sagen: „Also meine Leber ist vollkommen in Ordnung, ich kann weitersaufen!"

Nicht lange danach die ersten gesundheitlichen Probleme. Schmerzen, weitere Gewichtsabnahme, allgemeine Abgeschlagenheit. Nach monatelangen Mutmaßungen und Fehldiagnosen wird Anfang Oktober 2002 bei ihm Bauchspeicheldrüsenkrebs diagnostiziert. Nur wenig Zeit, die ihm danach noch verbleibt.

Dirk wird es sich nicht nehmen lassen, ihn mehrmals im Krankenhaus zu besuchen. Der mit mir verabredete Termin muss aufgrund seines Zustandes leider kurzfristig abgesagt werden.

Wir werden seinen Grabstrauß mit 2 Zigarren und einem Skatspiel schmücken, in der leisen Hoffnung, dass er mit meinem Vater vielleicht doch irgendwo und irgendwie ein bisschen Freude damit hat.

Dirk wechselt nun zu den Heinrichsthaler Milchwerken, um die entstandene Lücke bestmöglich zu schließen.

2003

Das Jahr 2003 bringt unsere Silberhochzeit. Wir werden dieses Jubiläum mit einer Einladung für die ganze Familie zu einem gemeinsamen Osterurlaub einleiten. Dafür hatten wir ein Ferienhaus in Polen, in der Nähe von Danzig gebucht. Meine Mutti wird ihre Teilnahme absagen, seit dem Tod meines Vaters war sie zu keinen größeren Unternehmungen mehr zu bewegen. So machen wir uns mit meinen Schwiegereltern, unseren Kindern, Klein-Moritz und dem neuen Hund Olli, einem Schäferhund-Rottweiler-Mischling, auf den Weg. Meine Schwiegermutter wird sich vorab recht skeptisch äußern, gerade hatten sie sich einen „neuen" Gebrauchten geleistet und nun wohl Angst vor einem Diebstahl.

Natürlich werde ich etwas ärgerlich mein Unverständnis über diese Vorurteile bekunden.

Das Ferienhaus liegt mitten auf einem Feld, ist komplett eingezäunt und wird durch eine mit dem verantwortlichen Sicherheitsdienst verbundene Alarmanlage überwacht. Meine Schwiegermutter, aufgrund von Gleichgewichtsproblemen durch eine Kurve hütet für einige Tage das Bett, mein Schwiegervater ist oft unterwegs, um entsprechende Mittelchen zu besorgen, wir erkunden die Umgebung.

An unserem vorletzten Urlaubstag komme ich morgens in die Küche. Mein Schwiegervater, der bereits dabei war, das Frühstück vorzubereiten: „Ist Dirk zum Bäcker gefahren?" Nein, Dirk lag noch im Bett und schlief: „Na dann haben sie euer Auto geklaut!" Und sie hatten, ja sie hatten. Den Dienstwagen, den Dirk gerade erst vor Kurzem bei seinem Wechsel zu den Heinrichsthaler Milchwerken vom Seniorchef übernommen hatte. Eine sehr peinliche Situation auf der einen Seite und der Ärger darüber, dass manche Vorurteile sich damit wohl bestärkten, auf der anderen.

Meine Schwiegereltern werden danach sofort die Heimreise antreten.

Dirk, glücklicherweise Mitglied des ADAC, in München anrufen und unsere Situation schildern: „Guten Tag. Mein Name ist Böckmann, ich befinde mich gerade in der Volksrepublik Polen und man hat unser Auto geklaut." Als ich sofort laut und schallend zu lachen beginne, schaut er mich wütend und verständnislos an. Später wird er selbst darüber schmunzeln.

Der ADAC verstand dennoch, wo wir uns aufhielten und stellte uns noch an diesem Tage ein Fahrzeug zur Verfügung. So kommen wir in den späten Abendstunden endlich zu Hause an. Dirks neue Geschäftsführung trägt den Verlust erstaunlicherweise gefasst und mit dem nötigen Spritzer Humor.

Im Dezember werden wir noch einmal mit allen Freunden, Bekannten, Kollegen und natürlich der Familie unser Ehejubiläum begehen, es wird eine sehr schöne Feier. Auch meine Schwiegereltern, die kurz vorher, für uns völlig überraschend, nach über 35 Jahren wieder in ihre Heimatstadt Rostock zurückzogen, waren aus diesem Grunde angereist. Auch wenn die Freude über die Rückkehr in die „alte" Heimat sicher erst einmal im Vordergrund stand, werden sie sich dennoch letztendlich nach 5 Jahren entschließen, wieder nach Berlin zurückzukommen.

Die Familie hatte sich zu dieser Feier etwas ganz Besonderes einfallen lassen. Gemeinsam schenkte sie uns eine Reise nach Rom. Wir werden dort unvergessliche Tage aber vor allem, Papst Johannes Paul II., persönlich bei seiner Predigt erleben.

Das kleine, sehr hübsche Hotel befindet sich mitten in der City, nur unweit der Spanischen Treppe. Man merkte sofort, dass es zur gehobenen Klasse gehörte, die Zimmer waren klein aber sehr fein. In den folgenden Tagen werden wir uns durch Rom kämpfen, natürlich wollen wir so viel, wie möglich sehen. An zwei Erlebnisse kann ich mich besonders erinnern. Der Besuch im Vatikan und das große Glück, den Papst persönlich zu sehen. Als wir dort ankommen, stehen bereits Hunderte von Menschen in langen, breiten Schlangen und warten auf den Einlass. Dirk wird sich schnell einen entsprechenden Überblick verschaffen, eine unauffällige Lücke entdecken und mir per Handzeichen Anweisungen erteilen. Ich in solchen Momenten immer eher hilflos und ängstlich, dass unsere Drängelei doch auffällt und den Zorn der Wartenden auf uns zieht, werde ihm aber folgen. Das war unser großes Glück! Wir waren die Letzten, die man dann einließ.

Ich kann nicht sagen, was ich dort wirklich empfunden habe. Obwohl ich ja, wie jeder sich bereits denken kann, nicht gläubig bin, zog mich diese Atmosphäre dort in ihren Bann. So viele Menschen waren gekommen, verschiedenster Herkunft und Nationalitäten, Arme und Reiche, vielfach mit ihren kleinen Kindern, die sie nun weinend in die Höhe hielten, um diesen Segen in Empfang zu nehmen. Für viele von ihnen, wohl das größte, für manchen, so mein Empfinden auch das einzige Glück auf Erden.

Auch wir werden von den anwesenden Priestern gesegnet und folgten der Predigt des Papstes andächtig. Wenn wir der Sprache auch nicht mächtig waren, konnten wir dem herzlichen Lachen der Verstehenden entnehmen, dass sie sehr humorvoll gewesen sein muss.

Nach diesem Erlebnis setzten wir, unter diesen vielen unbekannten Eindrücken, unseren Streifzug durch Rom fort.

Wir werden dabei auch Zeuge einer Aktion von Tierschützern. Vor einer berühmten Pelzboutique hatte man sich postiert. Sich selbst, die Schaufenster, die ausgestellte Ware und der Gehweg waren mit roter Farbe übergossen und sollten so auf das sinnlose und qualvolle Tiermorden aufmerksam machen.

Irgendwann werden wir uns in einer kleinen Pizzeria stärken und Dirk abends feststellen, dass er dort unseren Fotoapparat hat liegen lassen. Zum Glück blieben uns noch zwei Tage, um ihn zurückzuholen. Dieses Glück empfand die kleine Serviererin wohl nicht. Nachdem man uns erst sagte, dass kein Apparat gefunden wurde, wir aber nicht locker lassen, wird er uns dann am kommenden Tag doch noch ausgehändigt. Wie wir dann sehen, hatte die ganze Familie sich schon mal vor Freude über das unerwartete Gottesgeschenk in allen Posen abgelichtet.

Nach unserer Rückkehr werde ich mich immer schlechter fühlen und später behaupten, dass der Papst mich wohl auserwählte, sein Päckchen zu übernehmen.

2004

Wir schreiben das Jahr 2004! Ich werde in diesem Jahr mein 44. Lebensjahr vollenden.

Dirk arbeitet weiter im Außendienst, unterwegs in der gesamten Bundesrepublik, hat das natürlich häufig Übernachtungen auswärts zur Folge.

Von unseren 3 Kindern lebt mittlerweile nur noch Danny mit uns unter einem Dach. Auch Steffi hat bereits ihren eigenen Haushalt. Nur einen Katzensprung entfernt, schauen aber alle fast täglich bei uns ein.

Wir stehen kurz davor, zum zweiten Mal Großeltern zu werden. Diesmal sorgt unsere Steffi dafür. Am 17. Januar wird unser Marvin geboren. Genauso ein Wonneproppen wie Moritz und ähnlich dramatisch gestaltet sich darum seine Geburt, bei der ihm dann letztendlich durch notwendig werdende Beschleunigungsmaßnahmen das Schlüsselbein gebrochen wird.

Der Vater, Micha! Ein Freund aus der Grundschule. Man traf sich wieder, kam, sah, siegte und knüpfte an die damalige Zeit an.

Schon vor Abschluss ihrer Ausbildung suchten sich die beiden – entgegen unserer Ratschläge – eine gemeinsame Wohnung.

Später wird Micha, trotz seiner goldenen Hände und wirklich großer Bemühungen, keine Stelle als Zimmermann finden. Viele Versuche lagen bereits hinter ihm. Das brachte natürlich wieder finanzielle Engpässe. Die Zeit beim Bund sorgt für etwas Entspannung in dieser Richtung, danach gehen die Probleme erst einmal weiter.

Steffi, die Micha davon überzeugt, noch einmal eine Ausbildung zum Krankenpfleger zu beginnen, seine freundliche und hilfsbereite Natur befähigte ihn allemal dazu. Den Ausbildungsplatz stellt ihm Steffis Arbeitgeber nach einem entsprechenden Probepraktikum gern zur Verfügung.

Für uns gestalteten sich, wie bereits zu lesen war, die vergangenen Jahre sehr ereignisreich und voller Trubel. Glück und Leid lagen stets eng beieinander und immer wenn wir dachten, jetzt ist es überstanden, folgte das nächste Ereignis.

Beruflich hatte ich mich weiter entwickelt und in dieser gehobenen und verantwortungsvollen Stellung etabliert, die Anforderungen wuchsen dabei stetig. Über Jahre den kleinen Moritz betreut, waren natürlich zusätzlich Haus und Garten in Schuss zu halten, mittlerweile 2 Hunde zu bespielen und drei, meist aber mehr, hungrige Mäuler zu stopfen.

Da galt es zu funktionieren, schwache Momente konnte man sich kaum leisten, für Erschöpfung war nicht wirklich Zeit.

Kleine Auszeiten, die wir uns gönnten, sorgten kurzzeitig für Verschnaufpausen. So auch unser Städtetrip nach London. Es wird der Letzte dieser Art bleiben. Gemeinsam mit Danny machten wir uns auf den Weg. Den Hinflug ab Schönefeld pro Person für nur einen Cent „geschossen" (Rückflug unter 20 Euro pro Person), investierten wir für zwei Nächte 200 Euro in ein „besseres" Hotel, dachten wir jedenfalls. Als wir die Zimmertür dann öffneten, waren wir in der Londoner Realität angekommen. Sicher, wie ich später von anderen hören werde, gab es Schlimmeres. Wir werden die Tage dennoch genießen und London als eine sehr interessante und wunderschöne Stadt in Erinnerung behalten. An unserem letzten Tag werden wir uns noch einmal ein Essen in einer Pizzeria leisten, für 5 Pfund, essen so viel man möchte. War es ein Missverständnis, war es Taktik? Beim Bezahlen wird die kleine Kellnerin Dirk unser letztes Geld aus der Hand nehmen und laut: „thank you, thank you" rufend den Tisch im Eiltempo verlassen, danach nicht mehr zu finden sein. Mein verdutzter Mann natürlich wieder empört über mein lautes Gelächter, wird später mit einem lachenden und einen weinenden Auge unseren letzten 10 Pfund hinterher trauern.

Familie

Mandy war mit Moritz immer noch allein, auch wenn es da im Hintergrund wohl jemanden gab, mit dem sie ab und an die Zeit verbrachte.

Ich machte mir Sorgen um sie. Immer öfter beobachte ich, dass der Alltag mit seinen Aufgaben ihr aus den Händen glitt. So wird sie sich immer wieder in Situationen manövrieren, aus denen sie dann allein keinen Ausweg findet. Signale, Warnungen, Ratschläge werden ignoriert oder lange als Eingriff in die Persönlichkeit empfunden.

Ich versuche die Ursachen zu ergründen, meine Gedanken werden sich Tag und Nacht im Kreise drehen aber keine Antwort finden. So fühle ich mich lange schuldig und mitverantwortlich.

Dadurch noch mehr als Oma im Einsatz, bin ich mittlerweile chronisch erschöpft. Viele Veränderungen an mir werde ich lange Zeit damit erklären.

Der ungebetene Begleiter

Der Wecker holt mich aus meiner Unbeweglichkeit, es ist genau 5.00 Uhr. Ich öffne die Augen, ein paar Minuten gönne ich mir noch, bevor ich versuche, aus dem Bett zu steigen.

Mir fallen wieder meine nächtlichen Drehversuche ein, die mich seit geraumer Zeit aus dem Schlaf reißen. Steife und Schmerzen im Lendenwirbelbereich, dieses allgemeine Schweregefühl lassen sie zum Kraftakt werden. Auf dem Bauch zu schlafen, habe ich mir auch schon lange abgewöhnt. Ich verbringe die Nächte also meist in der Seitenlage, werde so wach, wie ich mich hingelegt habe, so jedenfalls mein Eindruck. Sollten es wirklich die Matratzen sein? So nehme ich mir wieder mal vor, nach etwas „Vernünftigem“ Ausschau zu halten.

„Nun aber raus aus den Federn, du willst doch heute früher ins Büro“ versuche ich mich zu motivieren.

Viel Arbeit ist in den letzten Tagen liegen geblieben. Ich war wieder sehr unkonzentriert, konnte irgendwie keinen klaren Gedanken fassen. So habe ich die Papierberge, für mich gegenwärtig Feind Nr.1, eigentlich nur von A nach B geräumt oder, ich hatte diese Position, zur Bearbeitung unter den Kollegen verteilt.

Ich quäle mich langsam aus dem Bett und muss erst einmal einen sicheren Stand finden. Die Beine steif, der Gang staksig. Dieser Moment, in dem ich mir immer wieder vornehme, unbedingt Sport zu treiben.

Langsam wird mein Körper munter und der gewohnte Tagesablauf kann beginnen.

Ab unter die Dusche, dann den geliebten Morgenkaffee und das ungeliebte Frühstücksbrot. Um diese Zeit, noch so ohne wirklichen Appetit, esse ich nur aus Vernunft. Schon als Kind wurde mir beigebracht, nie mit leerem Magen das Haus zu verlassen.

Danach geht es mit dem Auto ins Büro. Knapp 10 Minuten Fahrzeit habe ich zu absolvieren. Kein Problem, ich kenne die Strecke wie im Schlaf. Seit einiger Zeit aber diese Steife in Schulter und Nacken. Weder den sogenannten Schulterblick noch eine Drehung in die entsprechende Richtung bekomme ich wirklich hin. An jeder Kreuzung bete ich, die eigentlich Ungläubige:„ Lieber Gott, lass mich keinen Fahrradfahrer übersehen“

Gut angekommen, zum Glück ohne Zwischenfälle, gibt es erst einmal den nächsten Kaffee. Ich liebe es, meinen Arbeitstag so früh, vor allen anderen, zu beginnen. Es ist ruhig im Büro, kein Telefon stört, kein Chef reißt mich aus meinen Unterlagen, niemand möchte mich „mal kurz unterbrechen".

In diesen Stunden, vor dem offiziellen Dienstbeginn schaffe ich immer am Meisten. So war es bisher jedenfalls. In letzter Zeit bemerke ich aber ungewöhnliche Dinge an mir. Nicht nur, dass ich mich in meiner bis dahin zuverlässigen Arbeitsorganisation verzettele, ich kann an manchen Tagen meine Konzentration nicht finden, mache da oder dort ein bisschen, ohne wirklich etwas zu Ende zu bringen. Dann diese Vergesslichkeit, diese gefährliche Vergesslichkeit erschreckt mich.

Als Unternehmenskauffrau, überregional tätig, gehen verwaltungstechnisch Millionen über meinen Tisch oder wie man sagt „durch meine Finger". Ein Fehler in der Buchhaltung kann unvorhersehbare Folgen für das Unternehmen und für mich haben.

Immer war ich für die Richtigkeit meiner Statistiken und den daraus resultierenden Schlussfolgerungen bekannt. Nun kam es immer öfter vor, dass sie fehlerhaft waren und ich ihnen eigentlich selbst nicht mehr traute. Auf die typische Montagsfrage: „Wie ist denn die Gesamtproduktion der vergangenen Woche?" kann ich schon lange nicht mehr spontan antworten. Auch wenn gerade von mir zusammengestellt, fallen mir die Zahlen einfach nicht mehr ein. Dadurch immer unsicherer geworden rechnete ich noch einmal und noch einmal, um mir dann sagen zu lassen: „Mensch Michi, das kann doch nicht stimmen. Was ist denn los mit dir?" Ich befand mich in einem Teufelskreis.

Abends, wenn ich die Heimfahrt, mit: „Gott sei Dank, dass wieder kein Fahrradfahrer kam", glücklich überstanden hatte, konnte ich durchatmen. Der ganze Druck fiel von mir ab, wenn ich das Auto endlich in der Garage hatte. Auch diese Aufgabe ließ mich schwitzen, enge Straßen, Tiefgarage, Schulterblick, Drehung.

Natürlich machte diese Vergesslichkeit auch hier keinen Halt, meine Familie nannte mich bereits „Alzi". So kam es zum Beispiel häufig vor, dass ich Lebensmittel einkaufte, die dann wie eh und je im Keller deponiert wurden. Wenn es ans Kochen ging, hatte ich sie völlig vergessen und ließ mir, da ja meiner Meinung nach, nichts vorrätig war, eine Notlösung einfallen. Viel ist dadurch dann einfach verdorben.

Ich vergaß private Termine, Verabredungen und langsam entglitt mir auch die Arbeitsorganisation zu Hause. Nach dem gemeinsamen Abendbrot, völlig erschöpft auf unserem Sofa eingeschlafen, wechselte ich nur ins Bett, wenn Dirk mich weckte. Dort schlief ich weiter, mal bis 2.00 Uhr, mal auch bis 3.00 Uhr. Irgend etwas ließ mich dann, man kann schon sagen, regelmäßig aufwachen. Unbeweglich, gingen mir dann alle Probleme und Sorgen durch den Kopf. Ich grübelte und grübelte, der Schlaf kam meist erst kurz bevor dann wieder der Wecker den neuen Arbeitstag ankündigte. Natürlich erwachte ich dann stets völlig erschlagen.

Immer neue Auffälligkeiten kamen nach und nach dazu. Meine Finger zum Beispiel, stets mit Schmerzen in den Gelenken, hatte ich den Eindruck, dass sie steifer wurden. Ich vertippte mich von nun an, wie man so schön sagt, einmal und das war fast immer. Es war, als konnten sie dem Tempo meiner Gedanken nicht mehr standhalten. Auch die Hausarbeit ging nicht mehr so leicht von der Hand oder von den Fingern. Beim Aufhängen der Wäsche zum Beispiel konnte ich die Klammern nicht mehr mit einer Hand drehen. Deckte ich den Tisch oder goss etwas ein war es keine Seltenheit, dass besonders meine rechte Hand plötzlich zuckte, ich darum etwas umstieß oder verschüttete. Es kam aber auch vor, dass mir die Dinge einfach aus der Hand fielen.

Die Gesellschaft vieler Menschen wurde auf einmal zum Kraftakt, es fiel mir schwer, den Gesprächen hin und her, von einem zum andern oder quer über den Tisch zu folgen. Erzählte ich etwas, fand ich nicht mehr die richtigen Worte, selbst alltägliche Begriffe waren wie weggeblasen. Nicht selten kam es vor, dass mein Gesprächspartner sich gemüßigt fühlte, meinen Satz zu beenden. War ich erregt, egal ob positiv oder negativ, zitterte ich am ganzen Körper, das belastete mich sehr und ich fühlte mich nicht mehr gesellschaftsfähig. So versuchte ich, diesen Situationen möglichst aus dem Wege zu gehen.

Der Horror pur, wenn ich bei einer Arbeitsbesprechung für die Protokollführung verantwortlich war. Bevor ich das Wesentliche zu Papier gebracht hatte, war es bereits weg, vergessen.

Dann bemerkte ich Probleme beim Gehen, ich stolperte häufig oder eckte oft an, als könne ich die Richtung nicht mehr schnell genug ändern. Das Resultat, immer blaue Flecken.

Ganz zu schweigen davon, dass ich mittlerweile allem nur noch hinterher lief, jeder auf einmal irgendwie schneller war als ich.

So schleppte ich mich dennoch Tag für Tag weiter zur Arbeit und von der Arbeit wieder nach Hause.

An den Wochenenden versuchte ich, Kraft zu tanken. Treffen mit Freunden sagte ich ab, zog mich in die Familie zurück und nutzte letzte kleine Reserven für unsere Enkelsöhne. Irgendwann suchte ich, obwohl eigentlich immer dagegen, eine Haushaltshilfe, mir wuchsen die Aufgaben über den Kopf. Dirk, wie ich bereits schrieb, im gesamten Bundesgebiet unterwegs, konnte mir nur bedingt Unterstützung geben.

Längere Erholungsphasen, unsere Urlaube, bringen nur noch kurzzeitig Entspannung. Alle im Büro wissen mittlerweile, dass ich „eine Grippe" bekomme. Nur der Husten und Schnupfen lässt noch auf sich warten!

Klaus, aufmerksam und darauf bedacht, dass ich nicht ausfalle, ist seit geraumer Zeit mit entsprechenden Tabletten ausgestattet, wird versuchen, damit meine Symptome zu lindern. Ich schlucke sie nun brav und regelmäßig, ohne wirklichen Erfolg.

Darum mache ich mich nun doch von Zeit zu Zeit auf den Weg zu meiner Allgemeinmedizinerin. Sie akribisch alles notierend was ich erzähle, spricht erst einmal von Erschöpfung und Verspannungen, ich bekomme zig Spritzen in den Rücken. Sie nennt es Quaddeln, ich Tortur – keine Besserung – Der Orthopäde, zu dem sie mich dann überweist, diagnostiziert nach entsprechenden Untersuchungen eine beidseitige Hüftarthrose, unerklärlich für ihn, entspreche ich so gar nicht dieser Risikogruppe. Teure Behandlungen, die zum größten Teil finanziell von mir selbst zu tragen sind, werden folgen, alle anderen Beschwerden ansonsten mit falschen Arbeitstechniken begründet.

Ich komme trotz der Behandlungen einfach keinen Schritt weiter, fühlte mich immer erschöpfter. Fragte ich vorsichtig in meinem Umfeld: „Sagt mal, fühlt ihr euch auch immer so kaputt und erschossen?" bekam ich zum größten Teil zur Antwort: „Ja, mach dir keinen Kopf, uns geht es ähnlich"

Also gut, vielleicht war ich einfach zu wehleidig geworden, anderen ging es nicht anders. So kämpfte ich weiter, mit einem Gefühl der Beklommenheit, wenn ich auf mein Alter schaute.

Dann, ein Arbeitstag im Oktober 2004, ich bin dabei einen Bericht für die nächste Arbeitsbesprechung zu erstellen, muss ich abbrechen. Meine Arme völlig kraftlos, ich schaffe es nicht einmal, sie auf der Tastatur zu halten. So, als wären sie mit Blei gefüllt und zentnerschwer. Erschreckt erzähle ich das einem Kollegen: „Mensch Michi, geh endlich zum Arzt, da stimmt doch was nicht." Diesmal fahre sofort in die Praxis. Wieder werde ich die Diagnose bereits im Gepäck haben, diese Grippe eben, die mich schon so lange nervt, irgendwie verschleppt und nur noch nicht vollkommen ausgebrochen. Ich bitte nun endlich um eine Auszeit, schicke den Krankenschein ins Büro. Ohne nur im Geringsten zu ahnen, dass bald nichts mehr so sein wird, wie es einmal war.

Als hätte er den Kampf aufgegeben, fordert mein Körper nun schmerzlich seinen Tribut. Nichts geht mehr. Nach dem morgendlichen Duschen muss ich mich erst einmal wieder hinlegen und schlafe sofort ein. Erst danach schaffe ich den ersten Gassigang. Unser Olli, ein kräftiger Rottweiler-Schäferhund Mischling und Snoopy, ein Brackenmischling, können stundenlang laufen, rennen, toben. Ich werde die Spaziergänge auf das Notwendigste beschränken und mich nach der Rückkehr wieder völlig erschöpft hinlegen, schlafen. Eine Woche später ist noch nicht die geringste Besserung in Sicht. Die Krankschreibung wird verlängert, 3 Wochen lang. Dann der Vorschlag meiner Ärztin: „Ich würde gern zur weiteren Abklärung einen Facharzt für Neurologie einschalten." Kaum ausgesprochen, hatte ich die Überweisung dahin in der Tasche und entsprechende Telefonnummer in der Hand.

Auf dem Heimweg kreisen die Gedanken im meinem Kopf: „Neurologe, die denkt also, dass du eine Macke hast!".

Obwohl ich recht wütend bin und die Welt nicht mehr verstehe, werde ich einen Termin vereinbaren.

Es ist so weit, mein Besuch in der Praxis für Neurologie und Psychiatrie steht an. Steffi und Marvin begleiten mich, so fühle ich mich nicht ganz so ausgeliefert. Gerade noch hoffend, dass mich niemand dort sieht, treffe ich natürlich, wie soll es anders sein, eine Kindergärtnerin von Moritz. Ich möchte im Boden versinken, super, nun weiß die auch, dass du eine Macke hast. Meine Informationen über die Aufgaben der Neurologie waren zu diesem Zeitpunkt noch sehr einseitig.

Obwohl das Wartezimmer recht leer ist und ich einen Termin vereinbart hatte, sitzen wir doch geraume Zeit. Marvin krabbelt über den vorhandenen Spielteppich und interessiert sich bereits für die Bausteine. Endlich höre ich von der Schwester meinen Namen und mache mich auf den Weg. Eine blonde, wirklich hübsche und sehr attraktiv gekleidete Frau in den besten Jahren, weist mir den Weg in ihr Behandlungszimmer. Sie begrüßt mich freundlich, stellt sich mir vor und fragt, was mich zu ihr führte.

Ich denke innerlich: „das wüsste ich auch gern, bestimmt nicht, dass ich eine Macke habe" und bin immer noch der festen Überzeugung, hier völlig falsch zu sein. Natürlich werde ich das für mich behalten.

So erzähle ich ihr wirklich kurz und knapp von meinen Beschwerden und dieser verdammten Grippe, die mich irgendwie schon das ganze Jahr plagt. Sie hört sehr aufmerksam zu, fragt viel nach und macht sich Notizen.

Was mich dabei bis heute beeindruckt, sie schreibt mit einem Füllhalter und löscht das zu Papier Gebrachte, danach sofort ab. Ich kann es nicht beschreiben, immer in diesen Momenten habe plötzlich das Gefühl, als käme sie aus einer anderen Welt. Ich sehe sie dann einer großen Villa mit antiken Möbeln an einem wunderschönen Klavier spielen.

Sie hingegen betreibt weiter ihr Fragespiel und deutet mir den Weg auf eine Liege. Nun macht sie einige Tests, deren Sinn ich so gar nicht verstehe. Ich muss die Finger zusammentippen, die Hände drehen, vorwärts laufen, drehen, dann zurück usw. Danach werde ich einen Kreis, wie eine Schnecke zeichnen und einen Satz aufschreiben.

Sie schaut mir lange ins Gesicht und fragt mich, ob ich schon immer diesen traurigen Ausdruck habe, nein eigentlich nicht. Aber als ich nachzudenken begann fiel mir auf, dass seit geraumer Zeit auch Freunde mich darauf ansprachen: „Sag mal Michi, ist was dir, du siehst so traurig aus?" Nein es war nichts. Auch Dirk äußerte immer häufiger: „Wie du schon wieder guckst, hast du schlechte Laune?" Ich fand das oft ungerecht, schaute ich doch meiner Meinung ganz normal.

„Ich muss Ihnen sagen, dass ich Ihre Beschwerden sehr ernst nehme. Sie sind eine Frau, die im Leben steht, 3 Kinder groß gezogen, voll berufstätig, machen Sie mir nicht den Eindruck, dass Ihre Psyche Ihnen einen Streich spielt. Gewisse Dinge sind mir heute aufgefallen, die, ich möchte es einmal vorsichtig ausdrücken, auf eine extrapyramidale Erkrankung hinweisen. Ich gehe nicht davon aus, dass es sich um eine lebensbedrohliche Krankheit handelt, möchte aber auf jeden Fall noch einige diagnostische Untersuchungen anordnen. Leider garantieren auch sie letztendlich nichts, es gibt Fälle, wo Befunde unauffällig ausfallen und die Patienten dennoch erkrankt sind."

Ich verstand nicht ein Wort. Sie redet unbeirrt weiter. „So würde ich erst einmal einen Test mit Ihnen machen. Sie erhalten von mir ein Medikament unter Aufsicht und wir werden sehen, wie Sie darauf ansprechen. „Gesagt, Getan, ich vereinbarte einen neuen Termin und wir machten uns dann auf den Heimweg, ratloser als wir gekommen waren.

Natürlich google ich nun dieses Wort „extrapyramidal" Mein Gott, was bekam ich alles zu lesen. Diese Krankheiten, von denen ich bereits einmal hörte und jene, über die ich so gar nichts wusste. Alle aber hatten etwas gemeinsam, die beschriebenen Symptome, die auch mir das Leben mittlerweile schwer machten.

Der zweite Termin steht an, diesmal werde ich mich allein auf den Weg machen. Ich muss nicht lange warten. Die Tablette verabreicht, heißt es, eine Weile im Wartezimmer Platz nehmen, bevor ich dann einen Spaziergang machen darf. Zu einem späteren Zeitpunkt soll ich mich wieder einfinden. Ich weiß nicht mehr genau, ob ich in diesen Test nicht richtig eingeweiht oder ein schlechter Zuhörer war, jedenfalls hatte ich zu diesem Zeitpunkt keinen Schimmer, was er mir bringen sollte.

Pünktlich und zuverlässig kehre ich dennoch zurück und habe Glück. Kein weiterer Patient wartet. Aufmerksam fragt die Neurologin mich nun, wie es mir erging oder was mir aufgefallen wäre? Ich wusste so gar nicht, worauf sie hinaus wollte. So äußerte ich, dass mir weder schlecht wurde, noch hatte ich andere Nebenwirkungen bemerkt. Wie ich die Beweglichkeit empfände?

„Ja, wenn Sie so fragen. Ich fühle so ein Kribbeln in Armen und Beinen, als wären sie irgendwie leichter, beweglicher, als zuvor."

An diesem Tag bekam das Kind zum ersten Mal einen Namen:

Ideopathisches Parkinson

Parkinson, ja davon hatte ich bereits gehört und gelesen, früher nannte man es Schüttellähmung. Eigentlich dachte ich, dass diese Erkrankung gar nicht mehr so häufig vorkommt. Kaum noch sieht man, im Gegensatz zu meiner Kindheit Menschen, mit diesen starken Schüttelbewegungen. Aber wenn ich es recht in Erinnerung habe waren die Betroffenen immer schon recht betagt. Ich war doch erst 44 Jahre alt.

„Ja, Frau Böckmann, ich weiß, dass das sicher für Sie ein Schock sein muss. Leider müssen wir Mediziner feststellen, dass es immer mehr Menschen jenseits dieser Altersgrenze trifft. Die Gründe sind noch unbekannt, wobei man aber mittlerweile vermutet, dass Umweltgifte eine Ursache für diese Entwicklung sein könnten.

Sicher werden Sie nun Ängste befallen, was völlig normal und erklärbar ist. Aber ich möchte Ihnen Mut machen. Parkinson ist die wohl häufigste neurologische Erkrankung. So hat sie, wenn man es überhaupt so sagen darf den Vorteil, dass weltweit intensiv geforscht wird, um neue und bessere Behandlungsmöglichkeiten zu finden. Heilbar ist sie leider aber noch nicht. Wir beide werden nun erst einmal dafür sorgen, dass sich ihr Allgemeinzustand verbessert und stabilisiert. Ihr Körper, der wohl schon einige Jahre mit dieser Erkrankung kämpft, hat nur funktioniert, weil er von seinen Reserven lebte. Diese sind nun aufgebraucht, was ihren Zusammenbruch verursacht hat. Wenn wir das geschafft haben ist die zentrale Aufgabe alle Möglichkeiten nutzend, die uns heute zur Verfügung stehen, Ihnen ein Alter mit bestmöglicher Lebensqualität zu sichern. Das wird aber auf jeden Fall Umdenken und Neuorientierung für Sie bedeuten."

Sie fragt mich nach meinen beruflichen Aufgaben: „Ja, ich übe eine sehr verantwortungsvolle Tätigkeit mit hohem Zeit- und Arbeitsaufwand aus und ja, ich war schon seit geraumer Zeit völlig überfordert, empfinde die Krankschreibung als Erlösung. Nein, ich denke nicht, dass ich in meinem jetzigen Zustand den Aufgaben überhaupt ansatzweise gerecht werden kann und nein, ich gehe nicht davon aus, gleich gekündigt zu werden, wenn ich weiter krankgeschrieben bin. Ich war seit 10 Jahren bei der Firma angestellt und in dieser Zeit, so gut wie nie krank. Meine Arbeit war bis jetzt hoch anerkannt und ich hatte ein vertrauensvolles Verhältnis zu meinen Vorgesetzten.

Natürlich fragten sie bei jedem Anruf, wann sie mit mir rechnen können aber ihnen war auch klar, dass es bei mir diesmal irgendwie ernster war.

Zu Hause angekommen ging es natürlich sofort an den PC und alles, was über Parkinson im Internet stand, habe ich wohl an diesem Tage gelesen.

Ich las und las und fand mich immer wieder in den Beschreibungen und Geschichten: ja genau, so ging es mir auch, die gleichen Beschwerden, die gleichen Gedanken.

Ich versuchte zurückzuschauen, wann das überhaupt angefangen hatte. Schon als Kind hatte ich meine Probleme, die immer auf absolute Unsportlichkeit zurückgeführt wurden. So stolperte ich mich durch die Schulläufe, die Beine schwer, wie Blei. Ich hatte das Gefühl, als laufe ich über Magneten, die mich festhalten und fast immer stürzte ich irgendwann. Manche hielten es für einen tollen Trick, um nicht für meine schlechten Zeiten getadelt zu werden. Schwimmen hatte ich sehr früh gelernt, aber es fiel mir unendlich schwer, die Arme lange nach vorn zu halten. Deshalb schwamm ich nie weit, immer die Angst im Nacken, es nicht zurückzuschaffen. Irgendwann wurde diese Schwimmnudel zu meinem Favoriten. Sie gab mir Sicherheit und damit wieder Freude am Wasser. Heben und Tragen war noch nie mein Ding und über den Kopf arbeiten konnte ich nur mit größter Kraftanstrengung. Im Laufe der Jahre entwickelten sich Ängste, fast Phobien über die ich bereits berichtete.

Als ich dann 1996 mit dem Rauchen aufhörte, veränderte ich weiter meine Gewohnheiten. So wurde nun deutlich ruhiger, lustloser und erklärte mir das mit der ja bei Rauchern verpönten „Ungeselligkeit" der Nichtraucher. Dadurch fühlte ich mich dann irgendwie im Abseits, wurde sensibler und empfindlicher. Ich nahm vieles auf die Goldwaage und zog mich noch weiter zurück. So stellte ich gesellschaftliche Aktivitäten immer weiter ein, viele Verabredungen wurden abgesagt und ich lud auch viel seltener Gäste ein. Dirk, der stets ruhiger war, als ich, widersprach nicht, ich glaube, er genoss diese Ruhe sogar. Dafür begann ich, meinen Haushalt zu perfektionieren. Alles war stets blitz und blank, sogar die Fenster wurden nun jede Woche geputzt. Die Familie wurde täglich, nach meinem Vollzeitjob, bekocht, als wäre ein Festtag. So funktionierte ich eine ganze Weile genau nach meinem selbst entworfenen Plan, von dem ich nur in den seltensten Fällen und dann stets mit schlechtem Gewissen, abwich. War das wohl der wirkliche Anfang vom Ende??? Ich werde es nie mit Sicherheit wissen.

Zurück ins Jahr 2004. Den ersten Schock habe ich überwunden. Meine Ängste formuliert, wird Dirk zu mir sagen: „Wir schaffen das schon!" Das gab mir erst einmal Sicherheit. Dennoch machte ich mir natürlich Gedanken über unsere Zukunft. Was wäre, wenn ich nun auch geistig verfalle,

Anzeichen gab es ja bereits, würde er nicht die Achtung vor mir verlieren und mich irgendwann als Belastung ansehen. Aber ich schaffte es, diese Gedanken wieder zu verdrängen. Ich war doch immer eine Kämpferin, werde mich nun nicht von so einer Diagnose aus dem Konzept bringen lassen. Für Selbstmitleid war einfach keine Zeit.

Ich werde noch viele Untersuchungen und Spezialisten kennenlernen, sie alle die Diagnose bestätigen. Wie soll es nun aber weiter gehen?

Es ist Dezember und ich bin seit fast 6 Wochen zu Hause. Zur alljährlichen Weihnachtsfeier meiner Kollegen werde ich geladen. Im Verlauf des Abends vermittelt man mir, zwar freundlich aber mit entsprechendem Nachdruck, dass meine Rückkehr nicht mehr lange auf sich warten sollte: „Michi, wann gedenkst du denn, deine Arbeit wieder aufzunehmen. Versteh mich nicht falsch aber lange kann ich die Hand nicht mehr über dich halten. Du musst sonst damit rechnen, dass jemand eingestellt wird." Tja, nun war es also doch so weit. Es ging mir an den Kragen. Denn eine Neueinstellung brächte die Gefahr, dass ich nicht auf meinen Stuhl zurück kann. Ob überhaupt noch ein Stuhl zur Verfügung stünde? Keine Ahnung. Ich stand zwischen Baum und Borke, fühlte mich körperlich und geistig noch immer nicht in der Lage, diesen Anforderungen gerecht zu werden, wollte aber meinen Arbeitspatz auf keinen Fall gefährden. So kam es, dass ich am 10. Januar 2005 zum ersten Mal wieder an meinem Schreibtisch saß. Meine Neurologin war zwar grundsätzlich dagegen, konnte meine Beweggründe aber nachvollziehen.

Diese Entscheidung sollte sich schnell als eine „Fehlentscheidung" entpuppen. Nichts hatte sich geändert, von Anfang an spürte ich Erschöpfung, Überforderung und ein daraus resultierendes Unvermögen, meinen Aufgaben gerecht zu werden. Ein telefonischer Hilferuf an meine Neurologin führt dazu, dass die medikamentöse Behandlung beginnt, bevor ihr alle Befunde vorliegen. Sie hat sich für den Wirkstoff Ropinirol entschieden, das Medikament heißt Requip. Ganz langsam wird nun aufdosiert. Anfänglich werde ich keine Probleme haben. Irgendwann quält sie mich, diese unerträgliche Übelkeit. Ich versuche alles, wirklich alles, werde sie aber nicht in den Griff bekommen. Darum ist es nun keine Seltenheit, dass ich im Büro ankomme, der erste Weg zur Toilette führt und ich mich übergebe. Später wird mich ein massives Unruhegefühl belasten. Als würde ich getrieben zu Höherem ohne diesem aber gerecht zu werden. Dennoch versuche ich mich irgendwie durchzubeißen. Mal mehr, meist weniger erfolgreich.

Bereits vor einigen Monaten hatten wir unseren ersten Fernurlaub gebucht, das Reiseziel Thailand, fünf Tage Bangkok, danach Phuket. Gemeinsam mit Kerstin, Jochen, unseren Nachbarn und Freunden, ihrem Sohn Paul und natürlich Danny wollten wir auf diese große Reise gehen. Der Gedanke machte mir Mut, konnte ich dort hoffentlich wieder neue Kraft schöpfen.

Zwischendurch immer wieder verschiedene Ärzte und Tests...

Von Tag zu Tag geht es mir aber schlechter, diese berufliche Belastung wird zum Albtraum. Meine Ärztin schlägt mir vor, eine Reha zu beantragen. Sie wird mir nach meinem Schreiben dann im sogenannten Eilverfahren genehmigt. Ich hatte mir dort alles, ja wirklich alles, was ich fühlte und mich bewegte, von der Seele geschrieben.

Auf der Arbeit reagiert man auf diese Nachricht zurückhaltend, ja erst einmal sogar lapidar ablehnend: „Na das kannst du vergessen Michi, erst 3 Wochen Jahresurlaub und dann, genau eine Woche später, diese Reha??? Nee, nee!“

Vor Wut heulend: „Klaus, das werde ich nicht vergessen. Ob es dir nun passt oder nicht. Ich werde erst nach Thailand fliegen und dann diese Reha antreten. Falls du es noch nicht gemerkt hast, es geht bei mir gesundheitlich ans Eingemachte und nur so sehe ich eine Chance, den Spieß noch einmal umzudrehen.“

Klaus von diesem emotionalen Ausbruch sehr überrascht, versteht wohl zum ersten Mal, wie ernst es mir war.

Der Flug nach Bangkok gestaltet sich schwierig. Die stundenlange Sitzhaltung versetzt mich in die mittlerweile bekannte Steife und Unbeweglichkeit. Natürlich hatte ich mir Thailand in Gedanken vorgestellt. Überall, wohin man schaut Lotosblüten, Orchideen und ihr wunderbarer Duft, der in der Luft liegt.

Als wir das Flughafengebäude verlassen, ist davon aber nichts zu spüren. Es roch nach allem, aber nichts davon hatte mit den Düften aus meinen Träumen auch nur annähernd etwas gemeinsam. Sofort musste ich mich übergeben. So ging es fast die ganze Woche. Etwa eine halbe Stunde nach Einnahme meiner Medikamente wurde mir schlecht, ich übergab mich mehrmals, bis langsam Ruhe einkehrte, das gleiche Spiel noch einmal gegen Mittag und am Abend.

So kämpfte mein Magen mit Bangkok, wobei Bangkok nach vier Tagen gewann.

Von da an ging es etwas aufwärts. Nicht alles brachte meinen Magen gleich aus der Ruhe, manche Dinge roch ich gar nicht mehr. Dennoch war ich froh, als wir endlich die Weiterreise nach Phuket antreten konnten.

Aber vorher möchte ich auch von dort eine lustige Episode berichten:

Unser kleines Hotel in Bangkok lag ruhig und dennoch zentral, nur unweit von der berühmten Kaosan-Road entfernt, eine Straße, die wir mittlerweile von ganzem Herzen lieben. Für ein Doppelzimmer mit Frühstück bezahlten wir ungefähr 8 Euro. Die Zimmer waren einfach aber sauber, das Frühstück ok. Uns reichte es aus, wir wollten die Stadt erkunden.

Der Hotelmanager Pack wird uns fragen, ob wir Interesse an einem Schneider hätten? Ja, hatten wir. Dirk ist Anzugträger und wir hörten bereits, dass ein Maßanzug in Thailand erschwinglich sein sollte.

Pack gibt uns nun einen entsprechenden Flyer und bietet uns an, den Kontakt zu dieser Schneiderei herzustellen, wir nehmen dankend an. Schmunzeln bereits bei diesem Eindruck, den der Flyer uns wohl trügerischerweise vermitteln sollte.

Den Abend vorher verbringen wir in einer Bar: der Renner heißt heute Mochito! Ein leckerer Cocktail mit viel Minze. Ich kann nicht viel teilhaben. Obwohl ich ihn liebe, hält mich die Angst vor dieser schrecklichen Übelkeit zurück. Aber die anderen schlagen zu.

Am nächsten Morgen werden wir nun abgeholt. Dirk hatte leider versehentlich seine Malerlatschen eingepackt und noch keinen passenden Ersatz gefunden. So trug er an diesem Morgen seine mit Farbe besprenkelten Latschen.

Wir darauf vorbereitet, dass man uns nun in irgendeine Hinterhof-Schneiderei bringt, werden schnell eines Besseren belehrt. Vor dem Hotel steht ein dunkler Kleinbus mit getönten Scheiben und einem Chauffeur in einer gepflegten Uniform. Wir werden quer durch Bangkok gefahren, mir wird mal wieder schlecht und ich muss eine Tüte nehmen. Endlich sind wir nun am Ziel und uns allen stockt, als der Bus von außen geöffnet wird, vor Schreck der Atem: Wir stehen vor einem riesigen Schaufenster. Eine große Tür öffnet sich und ein Spalier von Schneidern begrüßt uns. An den Wänden Bilder von Prominenten aus der ganzen Welt. Ich kann mich an Steven Spielberg erinnern, der sich genau da ablichten ließ, wo wir gerade stehen. Ich hatte von da an nur noch einen Gedanken: „Wie kommen wir hier unbeschadet wieder raus?" Man führte uns nun zu einem Tisch und ein deutschsprachiger Schneider wird uns zur Seite gestellt. Unseren Männern, die wohl, wie nicht zu überriechen war, noch nicht alle Mochitos abgebaut hatten, wird daraufhin ein Bier angeboten, alle anderen Gäste tranken vornehm Tee. Der Schneider beginnt nun, vor uns die schönsten Stoffe auszubreiten. Wir trauen uns kaum sie anzuschauen, niemand gab einen Ton von sich, man hätte wohl eine Stecknadel fallen hören können. Ich fasse mir als erste ein Herz: „Bitte entschuldigen Sie vielmals. Es ist wirklich alles wunderschön hier und wir fühlen uns auch sehr geehrt. Aber schauen Sie uns doch bitte an, wir sind hier völlig falsch!" Der Schneider wird schauen und zwar ganz offen und herzlich in meine Augen: „Was ist Ihr Problem?" Ich werde entgegnen: „Der Preis!" „Wir werden eine Lösung für Sie finden!" Und auch wenn wir es nicht zu glauben wagten, wir fanden sie wirklich. Sie war dunkelblau, von überragender Qualität und immer wenn Dirk sie heute trägt, werde ich an dieses Erlebnis erinnert. Unsere persönliche Empfehlung deshalb: James Fashion – Bangkok.

Nach fünf Tagen ging es nun endlich auf die Insel Phuket.

Dort sollen meine Träume wahr werden, wir erleben das Paradies. Die Seele baumeln lassen, umgeben von Menschen mit dieser so unauf-

dringlichen Freundlichkeit, immer darauf bedacht, uns jeden Wunsch von den Lippen abzulesen. Ich genoss Sonne, Meer, Palmen und natürlich diese landestypischen Thaimassagen. Anfangs für mich sehr schmerzhaft, von Mal zu Mal werde ich aber Entspannung, Lockerung und Wohlempfinden spüren. Nur ein paar Tage wird es dauern, bis ich besser laufen kann und fast schmerzfrei bin. So wird dieses Land zu unserem Urlaubsfavoriten. Immer wenn es sich irgendwie finanziell einrichten lässt, machen wir uns dahin auf den Weg, gemeinsam mit Freunden. Nur eine Ausnahme wird es geben aber dazu später mehr.

Diesem wunderbaren Urlaub folgte nach nur einer Woche meine Rehamaßnahme in Bayreuth. Obwohl ich in den ganzen gemeinsamen Ehejahren niemals allein verreiste und mir darum ein paar Stunden vor der Abfahrt zur Rehabilitation das Herz in die Hosentasche rutschte, war ich in freudiger Erwartung. Ich hoffte von Herzen auf weitere Erleichterung und dauerhafte Verbesserung meines Zustandes.

Auf dem Bahnhof Bayreuth angekommen, werde ich gleich eine Mitstreiterin kennenlernen. Sie schon öfter bei so einer Maßnahme, nimmt mich sofort in Beschlag, wir werden bis zum Ende vieles gemeinsam machen. Wie ich abends erfahre, kommt sie aus Schwaben: „isch heiße Isolde und du darfscht du zu mir sagen“ Sie war wegen eines Schlaganfalles dort. In den folgenden Wochen lerne ich wieder Menschen verschiedenster Facetten kennen und gern haben. Sie aus Franken oder Bayern werden mich, den einzigen Preußen und Ossi herzlich in ihrer Mitte aufnehmen, auch wenn es geraume Zeit dauert, bis wir die Sprache des anderen vollkommen verstehen.

Eines Abends, wir sitzen bei einem Glas Wein, wird Isolde mir die Gewissenfrage stellen: „Na, wie glücklich warst du denn damals, als wir euch befreit haben?“ Mir stockte der Atem, was sollte ich sagen? Ich entschied mich fur die diplomatische Wahrheit:

„Liebes Isoldchen, auch wenn ihr es vielleicht nicht verstehen könnt und ich morgen alleine sitzen muss: Ich kann auf eine glückliche und harmonische Zeit zurückschauen und gehörte darum nicht unbedingt zu denen, die auf der Straße demonstrierten: Wir sind ein Volk! Ich möchte es mal so sagen: Vieles von heute möchte ich wirklich nie wieder missen aber ich vermisse auch ganz viel von damals!“ Ich musste nie alleine sitzen.

Bei dieser Rehabilitationsmaßnahme nehme ich mir vor, alle mir gebotenen Möglichkeiten zu nutzen, um meinen Zustand zu verbessern. Dennoch zerstört schon das erste Arztgespräch meine Illusionen:

„Ihnen muss klar sein, dass wir sie nicht heilen, nur für Linderung und Verzögerung sorgen können. Um so lange wie möglich fit zu bleiben gilt es, die Zukunft zu überdenken." Das im Anschluss folgende einzige Treffen mit einer Psychologin, tut sein Übriges: „Ich merke schon, dass sie sich gut mit Ihrer Erkrankung arrangiert haben. Aber ich bitte Sie um eines. Nehmen Sie sich trotz allem die Zeit und weinen sie auch um sich. Sie haben verdammt noch mal das Recht dazu. Denken Sie nicht immer an die anderen. Nun sind Sie dran! Lernen Sie, Ihre Grenzen zu setzen und auch mal „nein" zu sagen. Leben Sie für sich und Ihren Mann. Denn eines dürfen Sie nicht vergessen. Nicht nur für Sie ist diese Diagnose ein sehr harter Schlag. Auch ihr Mann hat auf Dauer die Frau verloren, die er bisher kannte." Damit hatte sie ihr Ziel erreicht, ich brach zum ersten Mal in Tränen aus. Noch an diesem Abend werde ich einen Brief mit großer Tragweite schreiben – gerichtet an Klaus, meinen Geschäftsführer – Ich setze ihn darüber in Kenntnis, dass ich nicht zurückkommen werde. Über viele Seiten bringe ich danach meine Seele zu Papier und bitte um Verständnis für meine ganz persönliche Entscheidung.

Es dauerte lange, bis er diese Nachricht verarbeitete und vor allem akzeptierte. Noch Monate später wird er den Standpunkt vertreten: „Michi, du hast dich falsch entschieden, du hättest lieber bei deiner Familie kürzertreten sollen."

Nach meiner Rückkehr werde ich um die Berentung kämpfen und gewinnen. Zwar immer auf einen bestimmten Zeitraum befristet aber dennoch für mich ein großer Sieg und existenzielle Notwendigkeit. Die folgenden Jahre verbringe ich damit, meinen neuen Weg zu finden Ich versuche zu lernen, meine Kräfte einzuteilen und werde, wenn ich mal wieder über die Stränge schlage, schmerzlich damit konfrontiert. Nichts mehr entschuldigt mein Körper mir mehr ohne einen Wink mit dem Zaunpfahl. Ich beginne zu malen, zu häkeln, zu stricken, Dinge, die meine Motorik stärken sollen oder für die ich nie Zeit hatte. Sehr belastend waren die Nebenwirkungen der verschiedenen Medikamente, die mir im Laufe der Zeit verordnet wurden. Es dauerte sehr lange, bis mein Körper den Eingriff in seine Persönlichkeit akzeptierte und nicht mehr mit allen Mitteln opponierte. Zum Beispiel mit ständiger Übelkeit, die mich dann fast 10 kg Gewicht kostete. Dann die Schlaflosigkeit nachts und die Schlafattacken am Tage. Von einer Sekunde zur anderen war ich einfach weg. Irgendwann beginne ich auf einmal umtriebig zu werden, renoviere, obwohl es mein Gesundheitszustand gar nicht zulässt, das ganze Haus. Später kaufe ich und kaufe, alles wohl abgestimmt nach Farbe und Muster aber eben nicht mit unserem Kontostand. Natürlich denke ich manchmal darüber nach, schiebe aber aufkommende Skrupel von mir: „Auf die 20 Euro kommt es doch nun auch nicht mehr an!" Was aus meinem Blickfeld glitt, dass ich das manchmal fünfmal am Tag dachte. Dirk muss in dieser Zeit gelitten haben, wie ein Hund. Die Teilnahme an einer Medikamentenstudie wird das glücklicherweise beenden und mich retten. Ich muss dafür vorab von allen Mittelchen vollkommen abgesetzt werden und stehe persönlich vor einem Scherbenhaufen. Was hatte ich nur getan? Ich schämte mich zu Tode. Aus dem Krankenhaus werde ich meiner Ärztin daraufhin einen Brief schreiben und ihr davon mitteilen. Daraufhin muss meine Medikamentierung wieder vollkommen umgestellt werden. Bei einem nächsten Termin, zu dem ich Dirk mitnehme, wird sie zu ihm sagen: „Ihre Frau konnte wirklich nichts dafür. Auch wenn es schwer zu verstehen ist, es waren die Medikamente." Wenn ich auch unendlich dankbar bin, dass es diese Mittelchen gibt, um einem das Leben mit so einer Erkrankung zu erleichtern, habe ich seitdem größte Hochachtung. Denn alles was den gestörten Prozessor also unser Gehirn beeinflusst, kann auf der einen Seite großer Segen aber eben auf der anderen auch ganz oft furchtbarer Fluch sein. Diese nächste Medikamentierung wird aber, kleine Ausnahmen bestätigen die Regel, grundsätzlich für Normalität sorgen.

Seit geraumer Zeit werde ich physiotherapeutisch betreut. Sabine heißt die mir „Zugeteilte." Schnell springt so ein Funke zwischen uns über und wir werden in all den gemeinsamen Jahren zu innigen Vertrauten. Auch Achim, ihr Ehemann, den wir dann 2008 anlässlich unserer Perlenhochzeit kennenlernen, wird uns sehr ans Herz wachsen. Sein Humor, diese Hilfsbereitschaft und Herzlichkeit ist genau das, was ihn von Anfang an für uns so liebenswert machte.

2006

Auch dieses Jahr hält wieder Hiobsbotschaften für uns bereit und wird somit zum Wechselbad der Gefühle.

Steffi trennt sich von Micha, dem Vater ihres Kindes. Genau wie Moritz damals, ist Marvin gerade 2 Jahre alt. Auch wenn wir natürlich die Gründe vollkommen verstanden, ja in den vergangenen Jahren selbst beobachtet hatten, tat uns dennoch im Herzen weh, dass wieder jemand dem Sturm des Lebens nicht standhalten konnte und eine Liebe an den Belastungen des Alltags scheiterte.

Steffi wird eine harte Schule durchlaufen: Alleinerziehend, in Schichten arbeitend und dennoch immer ihren kleinen Marvin im Gepäck.

Dafür gilt ihr unsere uneingeschränkte Hochachtung. Wie sie alles meisterte, bewundernswert. Jede freie Minute widmete sie ihrem Kind.

Auch diese beiden Zerstrittenen werden irgendwann lernen, einen erträglichen Umgang, zwar immer wieder mit Höhen und Tiefen aber letztendlich für ihren Sohn, zu finden.

Marvin, der stets mit seiner Redegewandtheit jeden beeindruckte, hatte nur ein kleines Problem: die Motorik, die war so gar nicht sein Ding. Darum schickte ihn Steffi auf Anraten seiner Kitaerzieherin in eine Tanzgruppe. Marvin nahm es gelassen und mit Humor. Natürlich gönnte er sich ab und an eine Auszeit. Eben, wenn ihm nach seinen Aussagen, sein Beinchen wehtat. Dann legte er sich in der Zeit, wo die anderen fleißig trainierten auf eine Bank und schlief sich erst einmal richtig aus. Irgendwann wird es einen großen Auftritt von ihm geben. In der Friedrichstraße, im Russischen Kulturzentrum. Die Tanzlehrerin stimmte Steffi bereits vorsichtig ein: „Also Marvin hat seine ganz eigene Choreografie. Aber ich lasse ihn, bin froh, wenn er überhaupt tanzt!“ Das konnte Steffi sehr gut nachvollziehen, denn auch ihr hatte er bereits mitgeteilt, dass er darauf eigentlich so gar keine Lust hatte. „Aber Marvin, nachher kommen die Omas und Opas. Das ist doch toll, wenn du dann auf der Bühne tanzt und sie unten klatschen.“ „Mama, wenn du das so toll findest, tanz du doch!“ war seine Antwort. Er war zu diesem Zeitpunkt 3 Jahre alt. Glücklicherweise ließ er sich dann aber erweichen und wir erlebten einen herzerfrischenden Auftritt. Er kam mit den anderen Kindern, die die Proben nicht verschlafen hatten, auf die Bühne, winkte uns überaus fröhlich zu und begann nun Tiere zu tanzen. Dabei orientierte er sich immer an seinen Teamkolleginnen. Die Schnecke sollte ihm dann aber zum großen Verhängnis werden. Dafür legten sich die Kinder auf den Boden, das Köpfchen in den Schoß. Dadurch entging ihm natürlich der nächste Einsatz und er lag immer noch als Schnecke, als die anderen bereits einen Elefanten tanzten. Ich glaube, wir waren an diesem Tag wirklich die fröhlichsten Zuschauer, wurden dafür aber von diesen Eltern, die in ihrem Kind bereits die kleine Ballerina sahen, mit bitterbösen Blicken bedacht, sodass wir, als Marvins Auftritt beendet war, den Saal lieber verließen. Unsere einhellige Meinung, es war super aber es gibt bestimmt Dinge, die ihm besser liegen.

Bei einer der üblichen Vorsorgeuntersuchungen wird Marvin seinem Ruf wieder alle Ehre machen. Bereits als er, diesmal mit seinem Papa, an der Anmeldung steht, sagt er der Schwester: „Ich habe heute keine Lust hier irgend etwas zu sagen oder zu erklären, das habe ich am Telefon schon meiner Mama gesagt.“ Die Ärztin, bei der er einige Tests machen soll, wird er gleichlautend in Kenntnis setzen. Sie versucht dennoch, in davon zu überzeugen, ein paar Bilder zu interpretieren. „Dazu sage ich gar nichts, die finde ich nämlich blöd!“ Die Ärztin wird daraufhin zu Micha sagen: „Also sprachlich ist ihr Sohn seiner Zeit weit voraus. Für den Rest wünsche ich ihnen wirklich viel Spaß!"

Mandy und Steffi werden ihre Trennungen bei uns fast einstimmig so interpretieren: „Irgendwie seid auch ihr Schuld. Jahrelang habt ihr uns diese, eure heile Welt vorgelebt und wir dachten, das klappt immer so. Nun mussten wir schmerzlich erleben, dass die Realität meist ganz anders aussieht!" Ich konnte diese Meinung nicht teilen und erwiderte: „Ich denke nicht, dass ihr damit Recht habt. Meiner Meinung habt ihr ganz einfach für euren Topf einen unpassenden Deckel gesucht und solltet in dieser Richtung zukünftig aufmerksamer abwägen." Dieses Wort in Gottes Ohr…

Für uns galt es nun, weitere Stühle um unseren Patchwork-Familientisch zu postieren.

Ein freudiger Höhepunkt, unser Danny machte nun den Sack voll und erwirbt die Hochschulreife. Wir alle sind sehr stolz auf ihn, erleben gemeinsam diese beeindruckende Zeugnisübergabe und den anschließenden Abiturientenball. Wir teilten uns dort einen Tisch mit der Familie von Justus, dem wohl engsten Freund von Danny.

F., die Mutti von Justus, eine Journalistin, die ich bereits von den vielen Elternversammlungen kannte. Stets sehr kritisch, manchmal bissig, nie ein Blatt vor den Mund nehmend, werde ich sie später aber als warmherzigen Menschen erleben. Die Oma, eine kleine zarte und schöne Frau, die vor vielen Jahren in dem gleichnamigen Defafilm das Schneewittchen spielte, der Opa ein sehr ruhiger Mann, der wohl auch irgendetwas mit dem Film zu tun hatte.

Die Feier findet in der Freiheit Nr. 15, einem bekannten Restaurant in Berlin-Köpenick statt. Auf dem Hinweg in der Straßenbahn wird die Idee geboren, Justus Oma das Lied der sieben Zwerge aus „ihrem" Film zu präsentieren und wir alle üben schon einmal entsprechend. Letztendlich haben wir dann aber nicht wirklich den Mut, es zu gegebener Zeit anzustimmen, nicht einmal zu „Purzelbaum Ordnung" bringen wir es.

Kurze Zeit später machen sich Justus und Danny auf den Weg, um als

Rucksacktouristen über drei Monate einen Teil der Welt kennenzulernen. Ihre Startposition: Thailand! Von dort aus werden sie sich dann weiter nach Vietnam, Laos und auch Kambodscha durchschlagen, um die Reise dann wieder in Thailand enden zu lassen.

Ich persönlich kann mich noch ganz genau an ihren Abflug erinnern.

Mit der Fluggesellschaft Biman-Airline aus Bangladesch sollte es von Frankfurt am Main nach Bangkok gehen, zu diesem Zeitpunkt die Einzige, die es möglich machte, den Rückflugtermin über so einen langen Zeitraum, offenzulassen. Leider wird es nicht klappen, dass Dirk die Jungs in Frankfurt absetzt, so suchte ich nach einer Alternative und fand glücklicherweise ein preiswertes Flugangebot von Air Berlin. Zwei Tage vor der geplanten Abreise werde ich irgendwo lesen, dass aufgrund des nicht fest gelegten Rückflugs, entgegen aller bisherigen Informationen, ein Visum nötig wäre. Ich konfrontiere Danny mit dieser Hiobsbotschaft, er informiert umgehend Justus und beide werden sich im Dauerlauf auf den Weg in die Thailändische Botschaft in Berlin machen. Als sie dort bei brütender Hitze, kurz vor Ablauf der Öffnungszeiten und völlig erledigt ankommen, stehen sie vor verschlossenen Türen. Es war thailändischer Feiertag. Ich telefoniere wieder, stundenlang, kann dann Entwarnung geben. Das Visum könne in Ausnahmefällen auch noch in Thailand erworben werden. Einer Einreise stand also nichts entgegen. Ein großes Problem war damit gelöst und uns fielen, so kann man wirklich sagen, Klamotten vom Herzen. Nur kurze Zeit später drucke ich die Daten für den Flug nach Frankfurt aus und traue meinen Augen nicht. Ich schaute immer und immer wieder aber es änderte nichts. Als Reisender stand dort nicht Danny, sondern Dirk. Scheiß Parki, war sofort mein Gedanke. Ich rufe völlig verzweifelt bei der Fluggesellschaft an und muss nun erfahren, dass alles umbuchbar wäre, nur eben nicht der Name. Man kommt mir aber, wie der Servicemitarbeiter versichert, sehr kulant entgegen. So wird dieser Flug letztendlich von ihnen **kostenfrei** storniert. Mann war ich ihnen dafür dankbar. Den nur eine Sekunde später neu gebuchten, garantiert meinen gerade stornierten Flug, lässt man sich dann aber mehr als **doppelt so teuer** bezahlen. Mir war mittlerweile schon alles egal. Hauptsache die Kinder kamen auf den geplanten Weg. So werde ich mich für dieses kulante Verhalten sogar noch überschwänglich bedanken.

Natürlich bringen wir die Kinder zum Flughafen Tegel, stehen am Abfertigungsschalter in einer langen Schlange mit diesen Geschäftsleuten in ihren teuren Anzügen und den typischen Diplomatenkoffern. F. wird genau in diesem Moment ihre Abschiedsrede „a la F." halten: „Also Jungs, ich wünsche euch unvergessliche Erlebnisse, genießt die Zeit. Tut mir aber bitte einen Gefallen, lasst die Finger von dieser Kifferei. Ihr wisst, wie hart das geahndet wird und wir kennen niemanden, der euch im Ernstfall dort herausholen könnte!" Alle Umstehenden hatten mitgehört und schmunzelten danach verschmitzt in ihre teuren Diplomatenkoffer.

Aus Frankfurt am Main werden Danny und Justus uns dann regelmäßig anrufen, ihr Abflug verzögert sich von Stunde zu Stunde. Letztendlich wird sich dieser Flug, nachdem er mit 12 Stunden Verspätung gestartet war, über drei Tage mit diversen Zwischenstationen hinziehen. Wie die Jungs uns später erzählen, eine Tortur mit lustigen Episoden: Eine Italienerin war extra von Rom über London nach Frankfurt gekommen, um dieses Schnäppchenangebot nutzen zu können. Der erste Zwischenstopp der Maschine auf dem Weg nach Thailand dann: Rom.

Der Rückflug wird sich ähnlich dramatisch gestalten. Biman hatte mittlerweile Konkurs angemeldet, wovon sie nur ganz zufällig erfuhren: Danny und Justus, bisher nur unterwegs mit Zug und Bus, hatten sich diesmal für einen sehr preiswerten Flug von Bangkok nach Hanoi entschieden. Die nette Dame im Reisebüro versicherte ihnen, dass sie das dort erforderliche Visum am Zielort bekämen. Beim Einchecken dann der Schock. Man nahm sie ohne Visum gar nicht erst mit. Die Fluggesellschaft buchte für sie aber kostenfrei auf einen Flug später um. So galt es, schnellstmöglich die vietnamesische Botschaft in Bangkok aufzusuchen. Dort trafen sie auf einen Landsmann, mit dem sie ins Gespräch kamen: „Mit welcher Fluggesellschaft seid ihr denn aus Deutschland gekommen? Biman??? Oh, das sind doch die, die bereits überall mit einem Geldkoffer unterwegs sind, weil sie nur noch gegen „Bares" abgefertigt werden. Nach meinen Informationen sind die pleite. Ihr solltet euch wirk-

lich sofort informieren. Sonst habt ihr ein großes Problem. Glück im Unglück, denn durch dieses Gespräch werden die Jungs, im wahrsten Sinne des Wortes, die letzten beiden Plätze auf dem damals letzten Biman-Rückflug ergattern. Auch dieser wird sich wieder sehr abenteuerlich gestalten, so mancher Fluggast wird dafür finanziellen Ausgleich verlangen. Danny und Justus waren trotz all dieser Vorkommnisse dazu nicht bereit: „Bangladesch ist eines der ärmsten Länder auf der Welt. Wir konnten bei unserem Zwischenstopp ansatzweise sehen, wie es den Menschen dort geht. Das könnten wir nicht mit unserem Gewissen vereinbaren."

Justus wird irgendwann seine Erinnerungen und Gedanken über diese gemeinsame Reise für seine Großeltern niederschreiben und auch Danny zu gegebener Zeit daran teilhaben lassen.

Wir sind eigentlich nur noch froh, sie nach allem, wohlbehalten wieder in die Arme schließen zu können.

Danach geht es an die Bewerbungen um einen Studienplatz. Da sich zeitlich eine entsprechende Grauzone entwickelt, werden beide ein Praktikum ins Auge fassen.

Dank F. kommen sie beim Fernsehen aus Berlin (FAB), einem regionalen Fernsehsender aus Berlin unter. Justus wird als erster die Segel streichen, Danny bis zu seinem Studienbeginn 2008 dort tätig sein, zum Schluss mit einer Anstellung als Redakteur. Ja es klingt schon verrückt, ein Abiturient als Redakteur. Aber bei diesen Gehältern konnte man ausgebildete Fachkräfte ganz einfach nicht hinter dem Ofen hervorlocken. Für Danny wird es eine prägende Zeit, mit unvergesslichen Erlebnissen und unwiederbringlichen Erfahrungen. Manchmal mehr wert, als alles Geld der Welt. Er interviewte unter anderem Silly und Anna Loos, Sebastian Koch, City, Otto Walkes, Klaus Wowereit, Harald Wolf, Frau Ingeborg Junge-Reyer, Katrin Lomscher, Hugh Grant, die Hauptdarsteller von Spiderman Tobey Maguire und Thomas Haden Church und war auch Teilnehmer einer Pressekonferenz mit Bruce Willis. Bis wir dann endlich eintrifft – der Brief – mit der heißersehnten Studienzulassung.

2007

Das Jahr 2007 bringt Enkelchen Nummer Drei, unser erstes Mädchen, unser Prinzesschen, Klara Elisabeth. Letzterer Name nach unserer lieben Oma Lieschen.

Wie ich bereits schrieb, gab es bei Mandy seit Jahren diesen jungen Mann im Hintergrund – Andreas – Wir kannten seinen Namen, hatten ihn bereits auch kurzzeitig zu Gesicht bekommen aber das war es dann auch. Er soll nun der Vater von Enkelchen Nummer drei werden.

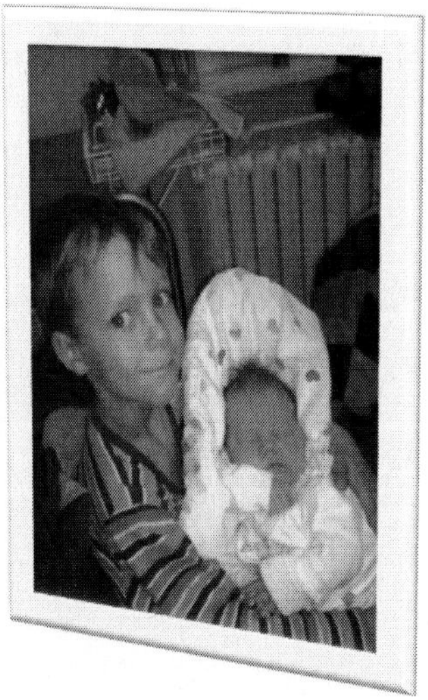

Ich erfuhr davon, wie so oft bei uns, erst einmal unter dem Siegel der Verschwiegenheit. Steffi wird mich anrufen: „Mutti, du ich will dich nur vorbereiten, Mandy ist auf dem Weg um dich zu informieren, dass sie schwanger ist. Versuche bloß ruhig zu bleiben."

Mandy kommt, erzählt so dies und das, wird aber nicht konkret. Irgendwann sage ich: „also ich weiß nicht, du siehst so komisch aus, wenn ich es nicht besser wüsste, würde ich glatt denken, du bist schwanger!" Sie nahm die Hand, die ich ihr reichte, dankbar an....

Auch diesmal gestaltet sich die Schwangerschaft nicht ohne Komplikationen, gesundheitlich, wie emotional. Mit Händen und Füßen wird sich der werdende Papa zu Wehr setzen. Aber Mandy hatte sich entschieden.

Moritz wird nach der Verkündung des freudigen Ereignisses seine persönlichen Schlüsse ziehen.

„Ach so alles klar! Also alle sieben Jahre bekommt ein Frau ein Kind" Kinderlogik oder nur gutes Rechnen?

Am 26. Oktober 2007 wird unser Klärchen, welch Glück, dass ich dabei sein durfte, gesund und munter von Mandy auf die Welt geschaukelt.

Gleich als ich sah, war mein Gedanke: „Na da haben sie uns diesmal ganz schön unterwandelt. Die hohe Stirn, der entsprechende Haaransatz,

zu diesem Zeitpunkt ganz der Papa, eine Wandelt eben. Auch er wohnte übrigens diesem Ereignis bei, trotzdem sie in all den Jahren, niemals wirklich ein Paar wurden. Wenn ich ganz ehrlich bin, konnte ich das zu diesem Zeitpunkt und nach allem, was ich in den letzten Monaten erleben musste, nicht wirklich verstehen. Aus heutiger Sicht kann ich nur sagen: Asche auf mein Haupt, es war so was von richtig.

So füllte sich unser Patchwork-Familientisch weiter, mit Hanne und Horst, diesen liebevollen und fantastischen Großeltern wider Willen, mit Andreas dem Papa und seinen zwei sehr lustigen Brüdern, Tommy und Marcus.

Mittlerweile ist unser Klärchen 4 Jahre alt, unsere Prinzessin in Gummistiefeln, mit schmutzigem Mund und rosafarbenem Spitzenkleidchen, das niemals ohne Handtasche das Haus verlässt. Sie ist körperlich ihrer Zeit weit voraus, immer die Größte. Aber auch geistig steht sie in nichts nach. Den Computer beherrscht sie perfekt, schreibt ihre eigenen Geschichten, formatiert selbstständig ihren Text. Natürlich in Geheimschrift. Und nur sie kann diese lesen. Aber das stört uns alle wenig, sie präsentiert sie uns schon, wenn wir sie bitten. Hat sie dazu mal keine Lust, sagt sie ganz einfach: „Tut mir leid, heute nicht, ich habe meine Brille vergessen."

Auch von ihr gibt es so viele lustige Episoden zu erzählen. Eine möchte ich zum Besten geben. Klärchen war wohl 2,5 Jahre alt und Mandy badete sie. Da kam ihr die Idee, ihre Tochter auf die Unterschiede zwischen Jungen und Mädchen anzusprechen: „Klara, Moritz ist ja ein Junge und du???" „Ich bin eine Prinzessin!" antwortete unser Klärchen. „Ja, genau. Aber Moritz ist ein Junge und du ein Mädchen. Was haben Jungen denn, was Mädchen nicht haben?" Sofort verfinsterte sich Klaras Blick und sie entgegnete wütend: „Einen Nintendo DS!"

2008

Danke Stayfriends

Manch einer hat so seine Probleme mit diesen Internetportalen. Wenn man darüber wirklich geteilter Meinung sein kann, uns haben sie im Laufe der Jahre zu vielen unwiederbringlichen Erlebnissen verholfen. So knüpfte ich dort die ersten Kontakte mit ehemaligen Nachbarn aus Marxwalde und es wird die Idee geboren, ein Hausgemeinschaftstreffen auf die Beine zu stellen. 18 Jahre war es mittlerweile her, dass wir uns zum letzten Mal sahen. In die verschiedensten Richtungen hatte es uns verschlagen, natürlich war die Spannung groß. Die, die damals noch

Kinder waren, kamen nun bereits mit ihrem eigenen Nachwuchs. Es gab so viel zu erzählen, dass wir in den gemeinsamen Stunden kaum zum Durchatmen kamen. Seither gibt es den einen oder anderen persönlichen oder auch telefonischen Kontakt. Doch obwohl wir es uns fest vorgenommen hatten, blieb es erst einmal bei diesem einen Treffen, das bei uns aber einen ganz besonderen Platz im Herzen hat.

Am 09. August 2008 feiern wir unsere Perlenhochzeit. Ja, ich weiß, nur wenige können damit wirklich etwas anfangen. Es handelt sich um den 30. Hochzeitstag. In Anbetracht meiner gesundheitlichen Situation entschieden wir uns, nicht auf die „Goldene" zu warten.

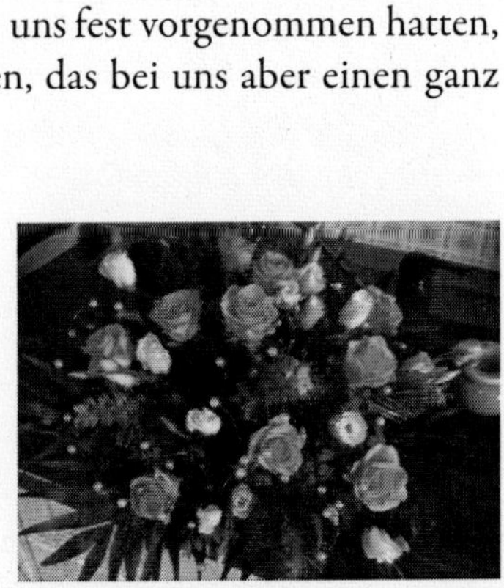

Seit Monaten hatte ich alles geplant, organisiert, geladen, es sollte noch einmal ein ganz großer Höhepunkt werden. Ich kann nur eins sagen, es wurde ein Höhepunkt, für uns und für alle, die dabei waren. Die Gäste, die aus allen Richtungen angereist waren, fanden sich am Morgen erst einmal

auf dem Flughafen Neuhardenberg, dem ehemaligen Marxwalde ein, wo die Kinder und unsere Freunde, allen voran Inge und Elke, eine Flugzeughalle liebevoll vorbereitet hatten. Es stand ein leckeres Sektfrühstück bereit. Dirk wird erst einmal zu einem Rundflug starten, meine ganz persönliche Überraschung für ihn.

Später dann geht es nach Rehfelde, wo wir mit all diesen Menschen, die uns immer lieb und teuer waren oder irgendwann eben wurden, diesen Tag auf ganz besondere Weise ausklingen lassen.

Auch ich hatte mir etwas einfallen lassen. Einen passenden Spruch für jeden, sodass die anderen Gäste, auch wenn man sich nicht kannte, ungefähr wussten, warum dieser oder jener unser Gast war. Diese Idee kam sehr gut an. Hier ein paar Kostproben:

Wir sind Karl-Heinz und Rita, die Eltern von Dirk, haben viele Jahre aktiv mitgewirkt. Umzüge gemeistert, die Hunde und den Garten betreut, was alle immer hat sehr gefreut. Die Enkel von A nach B gefahren, wollten wir es dann 2003 noch einmal wagen. Und sind in unsere alte Heimat Rostock zurückgemacht, haben aber an die schöne Zeit in Berlin oft zurückgedacht. Und fahren immer wieder gerne hin, denn wir haben die Kinder, Enkel und Urenkel stets im Sinn.

❀

Ich bin die Bimi, von Ela die MAMA. Ich freu mich, dass ich hier bin, die Feier wird sicher ein Hammer. Diese Zusammenkünfte sind für mich immer wieder ein Höhepunkt im Leben, die Treffen mit den Kindern, Enkeln und Urenkeln, die mir so viel geben. Und der Dirki ist wirklich ein Traumschwiegersohn, meine Tochter ist dafür sein schönster Lohn.

❀

Die Mandy bin ich, das älteste Kind, 1979 kam ich zur Welt, Mutti sagte mir oft, dieser Augenblick war schöner als Ruhm und Geld. Ich habe meinen Eltern in den Jahren viel Freude gemacht aber natürlich ging auch nicht immer alles glatt. Doch durch meinen Humor habe ich es immer wieder geschafft, dass am Ende jeder von uns dann doch wieder lacht. Mit 2 Enkelchen habe ich Mutti und Vati nun bereits eine Freude gemacht, wenn sie sie sehen, ihnen das Herz stets lacht. Der Moritz, das war die Nummer eins, ist nun bereits schon acht, und die Schule ihm sehr viel Freude macht. Er kann lesen und rechnen ganz wunderbar, als Fußballer wird er wohl mal ein großer Star. Und Klara ist auch ein Sonnenschein, wenn sie lacht, geht einem das ganz tief ins Herz hinein.

❁

Mein Name ist Steffi, ich bin Nummer Zwei, seit 1981 bin ich aktiv dabei. Ein Wunschkind war ich, wofür ich Mutti bewundre, denn sie war ganz allein zu dieser Stunde. Papa damals noch zum Studium war und man sich nur alle paar Wochen mal sah. Ich war immer ein sehr liebes Kind, naja, ein paar Böckchen gab´s auch, aber sie verschwanden geschwind, so wie auch dann die Wut im Bauch. Ich war immer klein, aber stets oho, kann erzählen ohne Pause oder Luft zu holen und bin auch sonst recht froh. Habe meinen Traum zum Beruf gemacht, als Krankenschwester helfe ich Menschen bei Tag und bei Nacht. Auch ich habe bereits dazu beigetragen, dass die Böckmänner ihren Namen weiter tragen. Klein-Marvin heißt der Sonnenschein, mit ein paar Genen vom Teufelein. Wir beide machen nun alles gemeinsam und keiner von uns ist je wieder einsam.

❁

Ja, und nun kommt Nummer drei, der Stammhalter bin ich und seit 1986 mit dabei. Ich weiß, es war diesmal ein harter Kampf, bis es endlich geklappt und Papa die Mama hat schwanger gemacht. Aber als ich dann kam auf die Welt, hat sich ihr Leben zum dritten Mal erhellt. Mutti fand mich zwar nicht gleich wirklich schön aber Papa konnte die Makel gar nicht sehen. Ich wurde aber sehr bald zum sehr süßen Kerlchen und konnte so immer alle Herzen beherrschen. Nun bin ich bereits groß...., nun lacht mal nicht, ich sprach nicht von lang, sondern groß, die menschliche Größe mein ich doch bloß. Ich habe noch so viele Ziele und Träume. Die packe ich nun an, damit ich ja nichts versäume. Denn wer mich kennt, der weiß es schon lang, ich werde Bundeskanz-

ler irgendwann, da ist mir wirklich gar nicht bang. Ihr müsst nur noch ein paar Jährchen warten, erst die richtige Bildung, dann werde ich meinen Wahlkampf starten. Damit es vorwärtsgeht in diesem Lande und nicht so viele Dinge verlaufen im Sande.

❁

Ich bin der Jurek, Mandys Partner aus vergangenen Tagen und freue mich, dass ich bin hier eingeladen. Ich bin Moritz Papa, ich glaub, man kann es sehen, wenn wir nebeneinander wie zwei linke Latschen gehen. Michaela und Dirk sagten, ich gehör an diesen Tisch, denn ich habe in ihrem Leben einige Zeit kräftig mitgemischt. Es gibt viele schöne Erinnerungen, z. B. als wir uns weinend in die Arme fielen, als Moritz endlich geboren war, der Tag war einfach wunderbar. Aber auch das kam öfter vor, wenn wir uns mal wieder nicht einig waren, die Fetzen flogen und wir uns rauften den Kopf und die Haare. Aber wir alle lernten mit der Zeit, dies zu vergessen und uns für die gemeinsamen Bemühungen um unseren Moritz ehrlich zu schätzen.

❁

Ich bin die Sabine, mit meinem Mann Achim und unserer kleinen Eva heute hier hergekommen, denn ich habe das Herz von Frau Böckmann, ach ja, Michaela, auch für mich gewonnen. Seit fast 3 Jahren kommt sie zu mir zur Massage oder Physiotherapie, danach fühlt sie sich immer so wohl, wie nie. Wir hören uns gegenseitig zu, können gemeinsam lachen, aber auch weinen. Dieses Vertrauen konnte uns im Laufe der Jahre sehr vereinen. So freuen wir uns beide auf jeden Freitag 12.00 Uhr glatt, da wird dann wieder gequatscht und 'ne heiße Packung gemacht.

❁

Wir, Sabrina und Rüdiger lernten die Böckis kennen, als sie uns 1990 zur Geburt von Patrick 7 Lätzchen schenkten. Sie kannten uns kaum, waren gerade in unsere Straße gezogen, deshalb war die Freude besonders groß, ungelogen. Wir ließen es natürlich bei einem einfachen Dank nicht bewenden und luden sie auf ein Bier ein, ohne zu ahnen, dass diese Beziehung nie mehr wird enden. Patrick ist nun fast 18 Jahr und die Böckis sind noch immer da. Eine Freundschaft ist daraus geworden, die immer halten wird, da machen wir uns gar keine Sorgen. Viele Feste haben wir gefeiert, oft sind wir mit weichen Knien nach

Hause geeiert. Heute kaufen wir die Lätzchen ein, für Böckis Enkelchen, das finden wir fein.

❁

Hallo, wir sind Petra und Norbert und kommen auch aus Karlshorst, das ist wohl heut hier der meist genannte Ort. Lernten die beiden bei Kerstin, Jochen, Sabrina und Rüdiger kennen und wollen uns nun nicht mehr trennen. Wir freu'n uns jedes Mal, wenn wir uns sehn und könn dann gar nicht so schnell auseinandergehen. Im vergangenen Jahr unsere eigene Hochzeit war, die Erinnerung daran ist heute wieder ganz nah und wunderbar. Viele an diesem Tisch waren auch unsere Gäste, gute Freunde eben, mit denen man feiert solche wichtigen Feste.

❁

Ich wage es mich kaum zu sagen, auch wir sind Karlshorster seit vielen Jahren. Ein Teil dieser Truppe, zu allen Schandtaten bereit, darum hat uns die Einladung auch sehr erfreut. Ich weiß jetzt nicht, wie ich es am besten erklären soll, denn uns're Geschichte ist wirklich geheimnisvoll. Nun muss ich sie euch verlesen, eigentlich wäre es ja der Tilo gewesen. Aber der fährt grade wieder mit seinem Track, die ganze Europäische Union auf und ab. Er lebte viele Jahre glücklich mit Petra, der Petra von Norbert da drüben, er lernte ihre Kinder als seine Eigenen zu lieben. Aber irgendwann schlich sich bei ihnen dann ein Würmchen ein und sie sahen ein, so soll es nicht sein. Die Petra dann ihren Norbert fand und es Tilo tränenschwer gestand. Sie konnten aber ehrlich und offen über alles reden, so war das wohl schon immer in ihrem gemeinsamen Leben. Zwar trennten sie Tisch, Bett und die Räumlichkeiten, aber die Freundschaft blieb ihnen erhalten. Und nun komm ich ins Spiel, mein Part beginnt, als Tilo mit mir seine neue Liebe find'. Einige Jährchen uns nun auch schon verbinden, ein großes Glück für jeden von uns zweien, noch einmal so verliebt und glücklich zu sein. Und heut kann ich's ja sagen, er ist ja nicht da, vielleicht bring ich ihn doch noch vor den Traualtar.

❁

Gestatten, Geschonneck, der Justus bin ich und saß schon öfter mit an diesem Familientisch. Ich bin heute hier erschienen, weil ich der Familie sehr am Herzen liege. Wir kennen uns schon viele Jahr, ich Dannys

Freund und Mitstreiter auf dem Gymnasium war. Gemeinsam haben wir einige Monate Thailand, Vietnam usw. bereist, das hat uns noch weiter zusammen geschweißt. Und wenn's mich nun hat studentisch auch nach Trier verschlagen, weil die Sinologie, das Chinesische ich will erlernen, kann ich trotzdem mit Gewissheit sagen, diese Verbindung zu den Böckis bleibt bestehen. Wir freun uns jedes Mal, wenn wir uns wiedersehen. Und obwohl meine Oma, wie einige ja wissen, das Schneewittchen und somit eine berühmte Prinzessin ist, fühl ich mich bei Dannys Familie wohl, wie Sau, das ist wirklich kein Witz.

❁

Wir sind die Dorit und der Hagen. Habe mit Michi viele, viele Jahre gemeinsam bei der BSB die größte Verantwortung getragen. Rechnungen, Monatsabschlüsse, Abgrenzungen und Preise pflegen, manchmal dachten wir, wir müssen uns die Karten legen. Aber selbst, wenn es zwischen uns auch mal krachte, jeder danach wieder ein fröhliches Gesichtchen machte, Nachdem die Michi mich hat dann verlassen, konnte ich sie trotzdem niemals hassen. Im Gegenteil, wir sehen uns nun so oft es geht, um zu erfahren, wie es dem anderen geht. Bei Bierchen, Tequilla, Ouso und leckerem Essen, können wir gemeinsam die Dinge, die uns ärgern, an diesem Abend vergessen.

❁

Wir sind Babsi, Jörg, Stephan, Roland und mit unseren Partnern deshalb hier, weil wir mit Michaela zur Schule gingen, wir vier. Wir waren ein duftes Team schon zu damaliger Zeit und immer zu den schlimmsten Schandtaten bereit. Beim Klassentreffen 2000 wir uns nach 24 Jahren wieder sahen und sofort dort diese tiefe Nähe wiederfanden. Seitdem treffen wir uns regelmäßig um zu lachen, zu reden und im Bedarfsfall auch gegenseitig Mut und Kraft zu geben. Zwischen uns herrscht noch dieses Urvertrauen, das lassen wir uns von niemandem verbauen. Der Dirk ist natürlich auch ein Mitglied unserer Truppe, er war zwar eine Klasse tiefer, aber schnappte sich unsere Michi, die Gute. Wir achten darauf, dass er sie stets wird hegen, weil wir ansonsten ihm die Kugel geben. Nee, nee, das war nur Spaß, der Dirk ist schon ein großes Ass.

❁

Wir sind Kerstin und Jochen, genau von nebenan und kennen die beiden auch schon 18 Jahr, also ganz schön lang. Wir seh'n uns im Sommer schon früh am Morgen, weil ganz einfach uns're Terrassen dafür sorgen. Wir haben zusammen schon viel Unsinn gemacht und später darüber oft schallend gelacht. Wir bereisten gemeinsam ein Stück dieser Welt, besonders Thailand hat unsre Herzen erhellt. Und wenn es Geldbeutel, Gesundheit und Zeit weiter einrichten lassen, wollen wir von dieser Liebe auch noch nicht lassen. Ich, der Jochen, bin Muschielas besonderer Freund, denn mein Humor sie immer sehr erfreut. Ich teile aus, das kann ich fein, und manchmal stecke ich auch ein. Heut wird es wohl nun wahr gemacht, die Rache, damit meine Muschiela hier als letzte lacht. Ich bin gespannt, was sie sich hat, für mich nun wirklich ausgedacht.

❁

Mein Name ist Adolf und das ist Erika, das weiss hier aber schon fast jedes Kind, wir auch direkte Nachbarn von den Böckis sind. Damals, genau vor 18 Jahren, überlegte ich noch, ob ich es kann wagen, mit Böckis eine Freundschaft einzugehen, dann sagte ich ja und die Zeit wurde sehr schön. Wir trafen uns zu Geburtstagen, Jugendweihen, Einschulungen und Herrentagen, und wir danach den Heimweg oft sehr fröhlich antraten. Zum Glück war es aber niemals weit, denn wir waren alle doch immer ziemlich breit. Heute bin ich schon etwas ruhiger geworden, doch kann ich, wenn´s drauf ankommt, immer noch für super Stimmung sorgen.

❁

Wir Gabi und Jürgen sind auch gern gekommen, als wir die Einladung haben vernommen. Wir besuchten mit den Böckis die Tanzschule einige Zeit, bis unseren Männern die Sache war leider dann leid. Aber wir haben dabei doch sehr viel gelernt, und sind beim Tanzen nicht mehr so verhärmt. Das werden wir euch heute auch sicher noch beweisen, wir haben schon einige Feuer im Eisen. Den Walzer, die Rumba und den Cha cha cha, ihr werdet es sehen, das klappt wunderbar. Im kommenden Jahr, darauf könnt ihr wetten, werden wir uns erstmals in Thailand treffen. Die Böckis sollen uns dann sagen, was wir können uns dort wagen. Oder sollten wir lieber den Jochen fragen, was wir im Massagesalon am besten sagen?!

Ja und was soll'n wir euch nun sagen, auch wir kamen aus dem schönen Karlshorst hierher angefahren, ich bin die Conny und das ist der Herr L. aus K. Michaela lernte ich kennen, mit einer Gurkenmaske und wirrem Haar. Sie nämlich zu mir zur Kosmetik kommt, na ja ehrlich, manchmal vergisst sie den Termin doch prompt. Aber ich kann ihr da nicht böse sein, es geht ihr ja nicht nur so allein. Nach einigen Jahren haben wir es gewagt und ein gemeinsames Essen wurde angesagt. Ich kann euch sagen, der Abend war toll. Herr L. aus K. und Herr D. waren ganz schön voll. Das war der Anfang der Geschichte, mittlerweile aßen wir schon gemeinsam diverse Gerichte. Wir haben uns wohl gesucht und gefunden und die anfängliche Zurückhaltung schon lange überwunden.

Unsere Kinder werden uns an diesem Abend mit ihrem Beitrag besonders berühren. Jeder hatte ein paar Worte für uns vorbereitet, auf seine ganz spezielle Art und aus seiner persönlichen Sicht. Ein wunderbarer Moment, den uns niemand nehmen kann. Danach verspürte auch ganz spontan Moritz das Bedürfnis, uns zu danken! Kein Geschenk konnte wirklich schöner sein!

Nur ein paar Tage später wird Danny sich mit Freunden auf den Weg nach Amsterdam machen. Gleich im Anschluss soll es nach Thailand gehen.

Er hatte dort ein Mädchen kennengelernt, Tukta, zu ihr wollte er. Wenn ich ehrlich bin, machte ich mir keine gesteigerten Gedanken, ordnete das in die Kategorie Urlaubsflirt ein. Natürlich war uns nicht verborgen geblieben, dass die beiden, trotz der großen Entfernung, regelmäßig Kontakt hielten. Spätestens wenn die Telefonrechnung kam, viel es uns wie Schuppen von den Augen. Irgendwann werden wir dem Einhalt gebieten müssen.

So kam Danny Samstag aus Amsterdam und Sonntagnachmittag ging der Flug nach Bangkok. In den verbleibenden Stunden galt es zu waschen und wieder neu zu packen. Ich stehe Sonntag recht früh auf, Danny kommt plötzlich leichenblass in die Küche, bricht vor mir zusammen: „Mutti, ich finde meinen Pass nicht, ich muss ihn verloren haben!" Wir suchten nun nochmals alles ab, verzweifelt schauen wir selbst in Kühlschrank und Kühltruhe, der Pass blieb verschwunden. Stundenlange Telefonate werden folgen, immer in der Hoffnung das Ruder noch irgendwie herumreißen zu können, ohne Erfolg. Kein Pass – kein Flug. So musste Danny wirklich sein Ticket verfallen lassen. Die einzige Chance, am Montag beim Einwohnermeldeamt einen Übergangspass ausstellen zu lassen. Aber da war sein Flug weg und wer sollte nun nochmals die Kosten für eine neue Buchung tragen? Ich werde also wieder den Telefonhörer in die Hand nehmen, direkt bei der Fluggesellschaft anrufen und dieses Drama in allen Einzelheiten schildern. Ich habe großes Glück, mein Gesprächspartner bekundet Verständnis, ja tiefes Mitgefühl. Man verspricht uns, Danny einen Tag später für einen Obolus von 40 Euro mitzunehmen. Bedingung! – Ein freier Platz! –

Natürlich machten wir danach vor Freude Purzelbäume und beteten, dass dieser eine Platz frei bleibt. Und wir hatten Glück. Beim Einchecken kannte wohl jeder Dannys dramatische Geschichte und wünschte ihm von ganzem Herzen Glück, wie sich dann herausstellen wird erst einmal mit absolutem Erfolg. Bei diesem Aufenthalt werden die beiden, Danny und Tukta, ihre Zukunft planen, er uns nach seiner Rückkehr mit einem Hochzeitstermin überraschen. Ich würde lügen, wenn ich sage, dass wir gleich in die Hände klatschten. Natürlich hatten wir Bauchschmerzen! Aber Danny war volljährig, konnte für sich selbst entscheiden. Wie soll man ansonsten auch wissen ob etwas eine Chance im Leben hat oder eben nicht, wenn man es nicht versucht? Viele Vorurteile, mit denen wir uns selbst im engsten Familien- und Freundeskreis nun regelmäßig auseinandersetzen mussten: „Hätte es denn keine Deutsche sein können?“– „Also ich hab ja über solche Ehen nur Schlechtes gehört!“ – „Die sollen es ja nicht so mit dem Putzen haben!“ – „Das hat doch nichts mit Liebe zu tun, die wollte doch nur nach Deutschland!“ – „Ist sie denn auch gebildet genug?“ – „Was kann sie denn überhaupt?“ – „Wovon will sie denn leben, wenn sie hier ist? Geht sie dann auch arbeiten?“

2009

Es ist soweit, wir machen uns wieder einmal auf den Weg nach Thailand aber diesmal ist es eine besondere Reise. Vor uns liegt die Hochzeit unseres Sohnes, des Jüngsten, die erste Hochzeit bei unseren Kindern überhaupt.

Natürlich sind Kerstin und Jochen wie immer mit von der Partie, diesmal auch Jochens Schwester mit Mann, Gisela und Kurt. Auch ihr Sohn wird dann noch im gleichen Jahr seine türkische Freundin ehelichen.

Als Trauzeuge war, wie soll es anders sein, natürlich auch unser Justus, Dannys treuer Freund, angereist. Das ließ er sich einfach nicht nehmen.

Leider konnten nicht alle unsere Lieben an dem Ereignis teilhaben, warum liegt wohl auf der Hand oder in der Brieftasche. So soll es im Sommer für sie eine kleine Nachfeier geben. Wir lernen nun Tuktas Mutti und ihre Tante, die eigentlich ein Onkel ist und Moskito genannt wird, am Morgen des Hochzeitstages dann den Rest der Familie kennen. Es war schon ein verrücktes Gefühl. Als wir zwischen ihnen standen und dachten, das ist nun auch so ein Stück Familie von uns.

Wir, die Deutschen, werden am Vorabend mit Danny noch einen Junggesellenabend veranstalten, die Thailänder so etwas Ähnliches mit Tukta auch.

Am Morgen des Hochzeitstages, der gleichzeitig mein 49. Geburtstag ist, machen wir uns bereits früh um 6.00 Uhr auf den Weg, um die Mönche, die unterwegs waren, mit entsprechenden Gaben zu beschenken und den Segen Buddhas für diese Liebe zu empfangen.

Danach ging es mit der ganzen Familie noch einmal zum weißen Buddha. Dort im Tempel werden die traditionellen Rituale abgehalten. Die Feier beginnt 17.00 Uhr.

Die standesamtliche, auch in Deutschland anerkannte Trauung, hatten die Kinder bereits am 09. März hinter sich gebracht, in Thailand ein rein bürokratischer Akt.

Die für Thailänder eigentliche eheliche Verbindung findet in der Familie statt und liegt in der Hand des Oberhauptes, in unserem Fall Tuktas Großvater. Es war eine sehr rührende aber über Stunden dauernde Zeremonie.

Man informiert uns vorab, dass es auch an uns war, danach eine Rede zu halten. Nächtelang habe ich gesessen, um etwas Angemessenes zustande zu bringen. Ein vereidigter Dolmetscher sollte dann für die Übersetzung sorgen. Leider waren an diesem Tage dann alle Profis ausgebucht und wir mussten uns mit dem Freund von Tuktas Schwester „begnügen“ Eine sehr schwere Geburt, kann ich dazu nur sagen.

Dennoch war es eine wunderschöne Hochzeit mit einer wunderschönen Braut und Menschen, die mein Herz eigentlich im Sturm eroberten.

Erst danach kann bei uns der Urlaub richtig beginnen. Ein paar Tage zur Erholung blieben uns ja glücklicherweise noch.

Nur noch 3 Wochen wird es dann dauern, bis Tukta uns folgen kann. Am 27. April 2009, einen Tag vor dem 28. Geburtstag unserer Tochter Steffi, war es dann endlich so weit. Wir konnten Tukta am Flughafen Berlin-Tegel begrüßen. Für sie besonders aufregend, hatte sie bisher weder in einem Flugzeug gesessen noch war sie je weiter als bis nach Bangkok gereist.

Sie wird mit ihrem Strahlen schnell die Herzen aller Nachbarn gewinnen, begegnet jedem freundlich und offen, vollkommen unvoreingenommen. Dennoch wird sie recht schnell spüren, dass sie nicht gleich ist, sondern manchmal eben gleicher als gleich. Mandy, Steffi, Danny und Tukta machten sich, nur ein paar Tage nach ihrer Ankunft auf den Weg zum Rechenzentrum, einer Diskothek im Funkpark auf dem ehemaligen Rundfunkgelände in der Nalepastraße...., sie wollten tanzen, eben einen schönen Abend haben.

Alle wurden eingelassen, ob nun mit oder ohne Ausweis, im Ernstfall hieß es: „Na gut, diesmal drücken wir ein Auge zu!“ Bei Tukta drückte niemand, sie wurde abgewiesen, obwohl Danny belegen konnte, dass sie mit ihm verheiratet ist. Auf dem Rückweg wird Tukta zu ihm sagen: „Ich habe verstanden, wäre ich weiß, hätten wir auch dabei sein können. Komisch bei uns in Thailand haben die Ausländer Narrenfreiheit. Alles wird getan, damit sie zufrieden sind. Eher müssen wir dort vor der Tür bleiben. Nun muss ich hier auch wieder vor der Tür bleiben." Lange Zeit werden sie solche Veranstaltungen meiden, Glücklicherweise soll diese Erfahrung bis heute ein Einzelfall bleiben.

Natürlich stoßen wir anfangs auch auf einige Schwierigkeiten. So wehrt sich Tukta mit Händen und Füßen gegen deutsches Essen, jeglicher Art. Alles was sie nicht kannte, wurde abgelehnt. Aber auch thailändische Erzeugnisse, die ich vorsorglich schon mal besorgt hatte, werden von ihr negiert, ganz nach dem Motto, was der Bauer nicht kennt, das isst er nicht. Ich im Gegenzug wehrte mich gegen die neuen Gerüche, besonders dieser Gerichte aus Trockenfisch. Am Schlimmsten, bereits zum Frühstück, werden sie für mich zu einem schmerzhaften Dorn im Auge.

Aber beide dazu bereit, finden wir immer einen Kompromiss.

Gewisse Zeit wird es dauern, bis Tukta mancher Regel, die wir zivilisierte Kultur irgendwann aufgestellten, folgen kann. Zum Beispiel, dass es nicht statthaft ist, mit dem Pyjama in den Supermarkt zu gehen, in Thailand kein Problem. So kann ich sie in letzter Minute davon abhalten, sich mit ihrem Bärchen Schlafanzug auf den Weg zu machen. Ich versuchte ihr klarzumachen, dass das hier nicht ginge. Sie fragte mich daraufhin: „Warum nicht?" Tja, das konnte ich ihr auch nicht sagen...

Im September begann nun ihr Integrationskurs und sie knüpfte schnell erste freundschaftliche Kontakte, wie ich empfand, sehr wichtig. Auch aus dieser Zeit gibt es eine Geschichte zu erzählen.

Immer kam sie von dort gegen 15.00 Uhr ganz pünktlich nach Hause, nur an diesem Tag eben nicht. Ich schaute auf die Uhr, wieder und wieder, was konnte nur passiert sein??? Es verging eine, es vergingen zwei Stunden, die Unruhe wuchs. Danny, mittlerweile auch heim gekehrt, machte sich große Sorgen. Ich rief in der Schule an: „Ja, sie war heute beim Unterricht und es gab nichts Außergewöhnliches. Sie hat die Schule pünktlich verlassen." Danach wurden Krankenhäuser, Feuerwehr und Polizei kontaktiert, niemand konnte uns helfen. Dirk, mittlerweile auch zu Hause eingetroffen, wird sich mit Danny auf den Weg machen, um alle Stationen, die Tukta hätte passieren müssen, abzufahren. Wir sahen sie in Gedanken bereits durch Berlin irren, ohne zu wissen, wo sie ist, der deutschen Sprache auch noch nicht so mächtig, um sich selbst zu helfen. Meine Nerven lagen blank.

Ich ging, um mich etwas abzulenken, zu Sabrina. Sie wird erst einmal ein Glas Rotwein eingießen. Irgendwann dann der erlösende Anruf: „Tukta ist da." Sie war mit einer Freundin unterwegs und hatte die Zeit aus den Augen verloren. Das Dramatische, genau an diesem Tag hatte sie ihr Handy zu Hause vergessen. Für mich wird es an diesem Tag nicht bei diesem ersten Glas Rotwein bleiben.

Die Villa Kunterbunt

In diesem Jahr werden wir dann, wie schon so oft, über das Wohnen in Generationen philosophieren, später im Internet ernsthaft nach passenden Objekten recherchieren. Schnell ist uns klar, aus Karlshorst wollen wir auf keinen Fall weg. Einen Versuch in der Richtung hatten wir bereits unternommen und dabei schon mächtige Bauchschmerzen bekommen.

Manchmal sieht man den Wald vor Bäumen nicht, so war es in diesem Fall auch bei uns. Aber dann fiel es uns wie Schuppen von den Augen. Der Fuchsbau 19 stand zum Verkauf, nur einen Katzensprung von uns entfernt.

Wir schauten uns das Objekt an und mit etwas Fantasie konnten wir Gefallen finden. Es wurde verhandelt, wir nahmen erstmals Summen in die Hand, die wir nie vorher gewagt hätten, in den Mund zu nehmen. Danach machten wir uns auf die Suche nach einer passenden Finanzierung. Diese Aufgabe wurde durch die Wirtschaftskrise und die zu diesem Zeitpunkt praktizierte Zurückhaltung der Banken sehr erschwert. Aber dann haben wir Glück und finden eine Lösung. Am 09. Juli 2009 unterschreiben wir den Kaufvertrag für unsere, wie wir sie später liebevoll nennen werden – Villa Kunterbunt! – Zu diesem Zeitpunkt ist unser Traumhaus wohl eher noch ein Albtraum. Vor uns liegen nun die spannenden und aufregenden Monate der denkmalgerechten Sanierung. Das kommende Weihnachtsfest möchten wir bereits in unserem neuen Heim feiern. Genau in dieser Zeit habe ich ihn endlich vereinbart, diesen Termin für einen Gesundheitscheck. Schon seit Jahren war Dirk nicht mehr beim Arzt, so konnte es nicht weitergehen. Wir kamen schließlich langsam in die Jahre. Grundsätzlich gab es bei diesen Untersuchungen keine großen Auffälligkeiten. Frau Dr. St. wird Dirk den PSA-Test zur Prostatavorsorge anbieten. Er stimmt zu, eine Entscheidung, die ihm wohl das Leben rettet.

Bereits am Montag danach der aufgeregte Anruf, Dirk möge sich umgehend bei ihr vorstellen. Der Laborwert war dramatisch aber man beruhigte uns mit dem Strohhalm, es könne sich auch um eine Entzündung handeln. Um diese Möglichkeit auszuschließen, wird Dirk nun über Wochen mit entsprechenden Medikamenten behandelt. Der Wert fällt etwas, lässt ein Fünkchen Hoffnung aufkommen, obwohl ich im Innersten meines Herzens das Resultat ahnte. Nachdem die Medikamente ausgeschlichen waren, stieg der Wert sofort wieder an. Endlich hatte er die Überweisung zum Urologen. Der Tastbefund erst einmal unauffällig, hält er eine Biopsie dennoch für unumgänglich, überweist Dirk aber erst einmal zum MRT. Ich werde nun tagelang alle Krankenhäuser und Praxen kontaktieren, um einen zeitnahen Termin zu vereinbaren. Im November, keine leichte Aufgabe. So notiere ich mir immer nur den zeitnahesten Termin, dadurch passiert mir ein Fauxpas. Ich rufe im Krankenhaus Königin Elisabeth zum zweiten Mal an: „Sie haben doch gestern bereits angerufen und einen Termin vereinbart!" „Bitte entschuldigen Sie, aber versuchen Sie mich zu verstehen, ich muss in einer Woche selbst ins Krankenhaus und um für mich den Kopf freizuhaben, fehlt mir Gewissheit. Dieses Wechselbad der Gefühle machen wir nun schon seit August durch, ich bin am Ende!" Erst einmal Stille: „Das kann ich wirklich sehr gut verstehen. Warten Sie bitte einen Moment....Wie schnell kann ihr Mann hier sein? „Dirk war zu diesem Zeitpunkt bereits krankgeschrieben. „In 20 Minuten!" „Ich rufe Sie gleich wieder an. Und sie tat es. Noch am gleichen Tag wird Dirk nun durchleuchtet. Die ganze Familie ist anwesend, als er von dort zurückkommt: „Und???" „Nichts...

alles unauffällig, ich habe nichts anderes erwartet!" war seine Antwort. Ein paar Tage später dann die Biopsie.

Zwischendurch begebe ich mich ins Krankenhaus. Aufgrund starker Veränderungen riet man mir zu der Entfernung der Gebärmutter. Nur einen Tag nach dem Eingriff lasse ich mich „gegen ärztlichen Rat" entlassen, um am Tage der Biopsie wieder zu Hause zu sein.

Diesmal fahren wir alle mit, im Nu ist das Wartezimmer gefüllt. Dirk wird gerade für den Eingriff vorbereitet, da höre ich die Schwester, die versäumt hatte, die Tür richtig zu schließen: „Wer konnte denn auch ahnen, dass ein Mann in Ihrem Alter so schlimm Prostatakrebs hat!" Ich fühlte mich, wie vom Donner gerührt: „Nun man nicht so voreilig. Das wollen wir doch erst mal sehen!" war Dirks Kommentar.

Wieder ist Dirk im Fuchsbau 19 und arbeitet im Garten. Seine Art, den Kopf freizubekommen. Das Telefon klingelt: „Können Sie beide in einer Stunde hier sein?" Ja, wir konnten.

In der Praxis hat die Mittagspause bereits begonnen, wir sind somit die einzigen Besucher. Der Arzt kommt mit den Unterlagen in der Hand, schaut uns ernst an: „Es sieht Scheiße aus...aber richtig Scheiße." Alle 8 entnommenen Proben waren komplett vom Krebs befallen. Warum auf dem MRT nichts zu erkennen war? Ganz einfach, weil es gar keine gesunde Zelle mehr gab und damit keine Gewebeunterschiede entdeckt werden konnten. Aufgrund von Dirks Alter, der Ausbreitung und Aggressivität des Krebses, riet man uns unbedingt zu einer kompletten Entfernung und anschließenden Strahlentherapie. Wir stimmen zu. „Bitte bekommen Sie nun keinen Schreck, wenn Sie das Datum hören. Wir werden bis dahin den Krebs medikamentös einschläfern." Er nannte uns einen Tag, irgendwann Ende Januar 2010. Wir befanden uns gerade Mitte November. Bis zu Hause sprachen wir beide kein Wort. Ich denke, jeder war mit seinen eigenen Gedanken und dieser furchtbaren Angst beschäftigt. Am folgenden Tag beginnt Dirk seine Hormonbehandlung. Ich weiß es noch wie heute. Er nahm die Tablette, schluckte sie, sah mich an und sagte: „Das war es jetzt!"

Noch an diesem Abend sende ich eine Rundmail an Freunde. Ich weiß genau, dass es den einen oder anderen gab, der damit seine Probleme hatte. Aber genauso wusste ich, dass Dirk diese ganz persönlichen Zeilen und Reaktionen, die dieser Nachricht folgten, sehr geholfen haben. Nichts anderes hatte ich bezweckt. Ich schrie einfach nur nach Hilfe...und wurde erhört.

Inge, der sich prompt am nächsten Abend noch in Arbeitskleidung direkt aus Eisenhüttenstadt auf den Weg zu uns machte. Er nahm uns in den Arm und fragte: „Wie kann ich euch helfen?“ Und er half, als es wirklich notwendig wurde, danke Inge, danke Elke.

Die folgenden Nächte werde ich recherchieren, E-Mails an alle namenhaften Operateure auf diesem Gebiet versenden und das muss ich wirklich sagen, von jedem Einzelnen eine sehr freundliche Antwort mit Kennenlerntermin erhalten. Wir besuchen alle, um diesen Vertrauten unserer Wahl zu finden. Unser erster Weg führt uns nach Berlin Buch zu Professor Popken. Eigentlich hatten wir dieses Krankenhaus von vornherein schon ausgeschlossen, da es für mich sehr schwer erreichbar war. Um es kurz zu machen, der Erste wurde dann letztendlich auch unsere erste Wahl. Ich werde mich nach dem gemeinsam Gespräch bei Herrn Professor Popken für die schnelle Antwort bedanken: „Also, eine Frau, die nachts um 2.47 Uhr am Rechner sitzt, um ihrem Mann zu helfen...konnte ich doch nicht warten lassen“ Die Operation hätte dort umgehend stattfinden können. In Anbetracht der bevorstehenden Umzüge, entschied sich Dirk dann aber letztendlich für den ersten OP-Tag im Neuen Jahr: „Ich habe sonst keine Ruhe, muss wissen, dass zu Hause alles so weit in Ordnung ist.“ Der Professor verstand...

Die folgenden Wochen sind hart. Dirk arbeitet ununterbrochen in unserem neuen Garten, fällt abends dann todmüde ins Bett, um am kommenden Morgen weiter zu arbeiten. Mittlerweile wiegt er nur noch 60 kg, was mir weitere Sorgen bereitet.

Für ein ganz besonderes Ereignis sorgten die Kinder und viele unserer Freunde. An einem Samstag trafen sie sich, zu einem riesigen Arbeitseinsatz in unserem neuen Garten. Ich kann nicht mehr genau sagen, wie viele es waren, zeitweilig bestimmt 30 oder 40 Leute. Es war November, strahlender Sonnenschein und für diese Jahreszeit viel zu warm.

Wir richteten den neuen Garten her, als begänne die Saison gerade eben. Unzählige Schubkarren mit Muttererde werden bewegt. Die neuen Möbel aufgebaut, platziert, Beete angelegt, Pflanzen über Pflanzen gesetzt, Blumenzwiebeln vergraben.

Andere wieder trugen alles, was nicht niet- und nagelfest war, von unserem „alten“ Haus in den neuen Schuppen. Der Pavillon fand einen wunderschönen Platz. Es war eine große Freude das zu erleben und rührte unser Herz sehr. Ich werde mich unter Tränen irgendwann bedanken: „Der schwerste Kampf liegt heute zwar noch vor uns, aber dieser Tag hat Mut gemacht und Kraft gegeben. Es gibt für uns keine Alternative, wir haben keinen Plan B, Plan A muss funktionieren. Wir danken euch von Herzen...“ Der Tag klingt bei einem Lagerfeuer aus.

Die Sanierung

„Nebenbei" fand die komplette Sanierung unserer Villa Kunterbunt statt. Anfang August begann man mit dem Dach. Natürlich schauten wir jeden Tag ein, um die Fortschritte zu verfolgen. Die Jungs der Bautruppe, allesamt ganz liebe, herzliche und fleißige Arbeiter werden in den folgenden Monaten alles daran setzen, unseren Einzugstermin im Dezember zu realisieren. Ich werde sie einmal wöchentlich bekochen und Dirk sie mit einem Kasten Bier und Wasser versorgen. Auch wenn das im Gesamtbild nur einen Tropfen auf den heißen Stein darstellte, entwickelte sich zwischen uns ein sehr inniges Verhältnis. Irgendwann küren sie uns zur: " besten Baustelle in Deutschland". Ihr Chef, ein Bauunternehmer aus Bayern, der aber nie verlernte, selbst mit anzupacken.

Natürlich versuchte er stets, die Kosten zu drücken und natürlich rieben wir uns mit ihm im Laufe der Monate nicht nur einmal. Aber irgendwie gab es letztendlich immer eine, für beide Seiten akzeptable Lösung. Seine Jungs, teils aus Polen, Russland, Bulgarien, mancher davon bereits fast 20 Jahre bei ihm, werden unser Herz im Sturm erobern. Darek, Staszek, Ali, Andrzey, Hubert und natürlich Jan, der Vorarbeiter oder Bauleiter. Ich kenne niemanden hier, der ihn nicht liebt. Er hat mich zur Chefin auserkoren und so ist es bis heute geblieben.

Was uns vor weitere ungeplante Schwierigkeiten stellte, der Verkauf unserer eigenen Immobilie gestaltete sich schwer. Damit hatte ich nicht gerechnet. Natürlich fanden sich sehr viele Interessenten aber immer wieder mussten wir hören: „Es tut uns sehr leid, wir haben keine Finanzierung bekommen!" Da unser Eigenkapital aus dem Erlös des Verkaufs bestand, wir es nun viel länger, als geplant, wie man so schön sagt, „zwischenfinanzieren" mussten, waren wir über Monate dieser Doppelbelastung ausgesetzt.

Mein Fazit, heute wäre ich ein ganzes Stück schlauer und wohl viel besser in der Lage, diese Eventualitäten oder eben Unbekannten in der Gleichung zu berücksichtigen. Aber gerade bei Dingen von dieser Tragweite hat man oft zu wenig Erfahrung und manches entpuppt sich später als Milchmädchenrechnung.

Die Umzüge

Mittlerweile befanden wir uns nicht nur in einem Gefühls-, sondern zusätzlich auch im Wohnchaos.

Alles was entbehrlich war, ist bereits in Kisten, die nun irgendwo und irgendwie herumstehen. Weitere Kisten kommen hinzu, weil Mandy und Steffi ihre alten Wohnungen zum 30. November gekündigt und die Fertigstellung der neuen Heime noch nicht ganz abgeschlossen war. Die Truppe hatte wirklich alles daran gesetzt, schnellstmöglich unseren Einzug zu realisieren aber natürlich lief nicht alles immer nach Plan. So sind wir schon überglücklich, als wir am 01. Dezember 2009 unsere vier Wände beziehen können. Meine Mutti werden wir dann im Januar nachholen.

Bereits an einem der vergangenen Wochenenden war Acki völlig ungefragt aus Thüringen angereist, um Dirk beim Aufbauen der ersten Möbel zu unterstützen. Wenn ich ehrlich bin, hätte ich es nicht gedacht. Aber die beiden bildeten bei dieser Arbeit dann ein vollkommen ausgeglichenes ja harmonisches Team, das Hand in Hand und wohldurchdacht arbeitete und sich vollkommen ergänzte.

Die nächsten Mieter, die ihre Wohnung in Besitz nehmen, mein Bruder mit seiner neuen Partnerin. Später folgen Mandy und Steffi. Zwischendurch noch Dirks 49. Geburtstag, in den wir hineinfeiern werden. Viele waren gekommen. Mancher wohl ganz bewusst, um Dirk ein Zeichen zu setzen. Auch wenn uns das Wasser eigentlich bis zum Hals stand, werden wir diesen Geburtstag nach dem Motto: „Begehe ihn, als wäre er der Letzte deines Lebens!" dennoch in unserem provisorisch hergerichteten Partykeller feiern. Dirk wird sich irgendwann ganz unauffällig zurückziehen. Als ich nach ihm schauen möchte, werde ich Zeuge einer für mich unvergesslichen Szene. Dirk, der auf dem Sofa sitzt, Inge und Acki, seine Fliegerfreunde, um ihn herum. Sie sitzen einfach nur so da, mit hängenden Schultern und schauen auf den Boden, niemand spricht ein Wort. Sofort füllen sich meine Augen mit Tränen, wie in dieser Zeit wohl jeden Tag und ich lasse sie wieder allein... Ich habe nie erfahren, ob und wenn, was an diesem Abend überhaupt gesprochen wurde, es war ihr ganz persönlicher Moment, dieser Augenblick zwischen drei wirklichen Freunden.

Den Abschluss beim Umzugsmarathon bilden Tukta und Danny. Genau am 23. Dezember 2009 werden wir ihre Habseligkeiten umlagern, um ihr neues Heim wohnlich zu gestalten. Als wir uns am 24. Dezember zum gemeinsamen Weihnachtskaffee treffen, sind wir alle völlig erledigt. Wir bemühten uns aber, wenigstens für die Kinder etwas Weihnachtsstimmung aufkommen zu lassen. So hatte ich für sie diesmal sogar einen Weihnachtsmann „bestellt". Er machte seine Sache wirklich gut, beeindruckte nicht nur die Kinder. Auch Tukta war ganz aufgeregt und hüpfte vor Freude. Noch niemals vorher im Leben hatte Sie einen „richtigen" Weihnachtsmann gesehen. Sie strahlte, wie ein kleines Kind und wollte unbedingt ein gemeinsames Foto. Ich fragte mich in diesem Moment, ob ich ihr nun sagen muss, dass es einen Weihnachtsmann gar nicht wirklich gibt. Ich entschied mich dagegen.

Dennoch bleibt es ein sehr nachdenklicher Weihnachtsabend. Danach kehrt langsam Ruhe ein. Ein Zustand, der uns so gar nicht bekommt. Ruhe bedeutet Zeit und Zeit bedeutet Nachdenken. So hängt Dirk von da an seinen Gedanken nach und ich versuche sie zu ergründen, ihm irgendwie Kraft zu geben und Mut zu machen. Den Jahreswechsel verbringen wir recht ruhig. Schon vor Monaten hatten wir Karten für eine Veranstaltung erworben. Wir werden nicht daran teilnehmen, wollen nur zu Hause bleiben. Noch am Silvestertag sagten sich ein paar Freunde an, irgendwann werden wir sogar ein bisschen tanzen. Dennoch ist die Stimmung angespannt. Zu vorgerückter Stunde wird Dirk sich ganz heimlich zurückziehen, ich folge ihm. Das war der Moment, wo alles aus uns heraussprudelte. Dirk schaut mich an und sagt: „Ich glaube, ich schaffe es nicht, es sieht schlecht aus. Aber ich will doch noch nicht sterben." Ich nahm ihn in den Arm: „Hör auf, natürlich schaffen wir es, wir dürfen niemals aufgeben, du darfst niemals aufgeben. Du kämpfst nicht nur für dich, du kämpfst für uns beide. Ohne dich will auch ich nicht mehr sein. Das darfst du nicht zu lassen!"

Nun erfahre ich endlich, was ihm so auf der Seele brannte: Zwei Tage vor Silvester fand die Voruntersuchung für die OP statt, ich merkte sofort, dass ihn etwas belastete aber er sprach nicht darüber: „Ist gut gelaufen!" war das Einzige, was ich zu hören bekam, nun rückte er mit der Wahrheit heraus.: „Du das war auf Messers Schneide, nachdem die diensthabende Ärztin noch den Ultraschall machte, wurde sie ganz blass, fragte mich, wie alt ich wäre und holte sofort einen Kollegen. Die beiden schauten nun gemeinsam auf den Monitor und philosophierten über das, was sie da sahen:

„Schau dir das doch mal an, das ist doch kein T4 mehr, da und da, das ist eindeutig ein T5. „Das ist ein T4!!!" „aber..." „kein aber, das ist ein T4 und wir operieren..."

Zum besseren Verständnis. Es handelt sich bei diesen Bezeichnungen um die Tumorstadien, die die Ausbreitung des Tumors charakterisieren. Operiert wird grundsätzlich nur bis T4, T5 hieße also inoperabel, wobei natürlich auch hier Ausnahmen immer die Regel bestätigen.

Dieses Gespräch belastete Dirk sehr und ließ seine Hoffnung auf ein gutes Ende kurzzeitig schwinden.

Heute war es nun so weit. Gegen 6.00 Uhr fuhren wir los, die OP war 7.30 Uhr angesetzt. Als wir ankommen wird Dirk sofort in ein Zimmer gebracht und vorbereitet. Die Schwester bittet mich, einen kleinen Moment vor der Tür zu warten.

Auch Opa Karl-Heinz war gekommen. Die Nervosität und Angespanntheit merkt man ihm sofort an. Mit seiner großen Aktentasche läuft er ruhelos hin und her. Ich bin sehr froh, dass er da ist, so muss ich das hier nicht ganz alleine durchstehen.

„Frau Böckmann, Sie können nun noch einmal kurz zu Ihrem Mann, ich komme in ein paar Minuten und dann bringen wir ihn beide zum OP-Saal, ok?" Ich sehe Dirk an, dass man ihm bereits das obligatorische Beruhigungsmittel verabreicht hat, er schaut entspannt und lächelt mir entgegen.

Auf dem Weg zum OP halte ich Dirks Hand. Mir fällt es sehr schwer, mit dem Tempo der Schwester Schritt zu halten: „Na sie kann ja nicht wissen, dass du Parkinson hast!" beruhigte ich mich in Gedanken, als ich spürte, wie ich langsam schon etwas wütend werden wollte.

Dann, wir sahen uns in die Augen: „Alles wird gut. Ich weiß es ganz genau!", danach begann die Zeit des endlosen Wartens.

Ich war sehr froh, als man mir die Möglichkeit einräumte, hier im Krankenhaus in einem Gästezimmer unterzukommen. So konnte ich jederzeit bei Dirk sein und sparte mir täglich diesen langen Weg.

Von der Sekretärin des Professors, die mir nun den Schlüssel übergibt und alles ganz genau zeigt, wurde ich in diesen Stunden sehr herzlich betreut: „Frau Böckmann, kommen Sie gegen 11.00 Uhr zu mir, dann kann ich Ihnen vielleicht schon etwas über das Ergebnis der OP sagen. Ansonsten bin ich natürlich jederzeit für Sie da."

Wir werden die nächsten Stunden in der Cafeteria verbringen, versuchen beide eine Kleinigkeit zu essen und warten...

Natürlich bin ich kurz vor 11.00 Uhr bei ihr im Büro. Leider hat sie noch keine Informationen, ruft aber sofort im OP an: „...aha, alles klar. Frau Böckmann, der Herr Professor lässt Ihnen ausrichten, dass er noch ungefähr 40 Minuten benötigt, dann wird er Sie informieren..."

Ich frage Sie: „Ist das denn normal, dass diese OP so lange dauert?" Natürlich wird sie mir diese Frage diplomatisch beantworten: „Natürlich, es gibt immer die eine oder andere Hürde, auf die man stoßen kann, darum sind die Zeiten ganz individuell..."

Endlich ist es soweit. Ich mache mich wieder auf den Weg in ihr Büro und werde schon erwartet: „Frau Böckmann, ich grüße Sie, ich bin Oberarzt Dr. ... und ich habe bei der OP Ihres Mannes assistiert. Wir benötigten etwas mehr Zeit, weil es einige Verwachsungen im Bauchbereich gab, die wir vorsichtig trennen mussten. Ich kann Ihnen erst einmal sagen, dass wir alles gegeben haben, um das tumorröse Gewebe vollständig zu entfernen. Die Lymphknoten sahen gut aus, sodass wir nicht davon ausgehen, dass sie vom Krebs befallen waren. Das ist erst einmal ein großes Glück. Aus unserer Sicht war diese Operation sehr erfolgreich, herzlichen Glückwunsch."

Ich überbringe nun Opa Karl-Heinz diese Nachricht und wir fallen wir uns erst einmal in die Arme und geben die Informationen zeitnah an alle weiter.

Wieder heißt es warten, bis wir endlich zu ihm dürfen. Ich bin sehr angespannt, weiß nicht, was mich erwartet. Mit mir selbst gehe ich immer sehr streng ins Gericht aber die Schmerzen anderer rühren mich sehr.

Dann liegt Dirk mit großen Augen da: „Und?" „Alles wird gut hat der Arzt gesagt!" Wir nehmen uns in die Arme und weinen. Kurze Zeit später schlafe ich, neben dem Bett auf einem Stuhl sitzend, mit meinen Kopf auf seinem Kissen, tief ein. So liege ich wohl einige Stunden, die Schwestern weckten mich mitfühlend immer nur im äußersten Notfall.

Dirk ist sehr tapfer, wird noch am gleichen Abend seinen ersten Rundgang machen. Sein Bettnachbar, den wir bisher nur akustisch kennenlernen konnten, da eine spanische Wand uns trennte, hatte leider mehr Schwierigkeiten. Bei jedem Stehversuch brach der Kreislauf zusammen und er verlor das Bewusstsein.

Irgendwann hören wir ihn mit englischem Slang: „hallo, hallo, ich bin... wie geht es dir da drüben?" Es wurde eine recht lustige Konversation, besonders als wir erfuhren, dass auch er, ein Musiker, in Berlin-Karlshorst wohnte.

Die Tage im Krankenhaus vergehen, wie im Fluge. Jeden Tag bekommen wir Besuch. Dirk hält sich an die Anweisungen der Ärzte und Schwestern, trinkt literweise und alles entwickelt sich Bestens.

Bereits am Samstag können wir, trotz eines dramatischen Zwischenfalls zwei Tage vorher, das Krankenhaus erst einmal verlassen. In Aussicht auf die bevorstehende Entlassung wurde Dirk, der ja immer noch einen Katheter tragen musste, der sogenannte Beinbeutel angelegt. Er wird mich damit in meinem Zimmer besuchen. Sorry, aber ab und an nutzte er es, um dort eine Zigarette zu rauchen und den vorherrschenden Minusgraden zu entgehen. So auch an diesem Nachmittag. Danach wird er zur Toilette gehen und nur ein paar Minuten später, vor Schmerzen stöhnend, auf meinem Bett zusammenbrechen. Ich habe nur ein paar Sekunden Zeit, um meine Gedanken zu ordnen. Immer rufend: „Geht es noch einen Moment, halte bitte durch!" öffne ich kurz das Fenster, sprühe das Zimmer mit Dove, meinem Lieblingsdeodorant komplett aus, lasse das Korpus Delicti im Klo verschwinden und mache mich danach auf den Weg, um Hilfe zu holen. Ich muss mit dem Fahrstuhl zwei Etagen nach oben, bevor ein Pfleger meiner aufgeregten Rede und damit auch mir folgen kann.

Als wir den Fahrstuhl verlassen, hangelte Dirk bereits zusammen gekrümmt gegen die Wand gestützt, uns entgegen. In diesem Moment musste ich bei aller Tragik schmunzeln, wusste ja genau, warum er das auf sich nahm. Er wollte natürlich nicht, dass jemand seinen Verstoß bemerkte. Der Pfleger wird ihn ganz unbefangen wieder zurückbringen. Die Qual war also völlig umsonst. In meinem Bad wird Dirk dann bemerken, dass der Rest seiner Zigarette fröhlich oben auf dem Toilettenwasser schwamm, sich nach dieser Erkenntnis über das Becken werfen und mehrmals spülen. Der Pfleger stellt nun einen Knick im Schlauch des Beinbeutels fest und erklärt mir den Grund der rasenden Schmerzen. Man holt Dirk danach mit einem Rollstuhl ab. Bevor der Pfleger sich nun selbst auch auf den Weg macht, dreht er sich noch einmal um: „Also machen Sie sich keine Sorgen, alles wird gut. Am besten, sie setzen sich erst einmal ganz in Ruhe hin, schalten ab und rauchen eine!" Danach verlässt er fröhlich zwinkernd mein Zimmer.

Zu Hause erwartet man uns bereits. Ein großes Transparent schmückt unseren Hauseingang: „Lieber Papa, lieber Dirk, willkommen in deinem zweiten Leben, deine Familie!" Dann Kerzen, überall, wohin wir sahen. Wir waren zu Tränen gerührt.

Nun galt es, sich weiter auszukurieren und sehr vorsichtig zu sein. Der Körper, der natürlich noch absolut geschwächt war, forderte seinen Tribut. Wir wussten, vieles verbot sich nach dieser Operation für lange Zeit, Tragen oder Heben war natürlich absolut tabu.

Eine Woche später dann die Nachuntersuchung, der sogenannte Dichtheitstest, der zeigen soll, ob die Entfernung des Katheters möglich ist. Worüber auch die Ärzte völlig überrascht sind, von dieser Inkontinenz, leider eine häufige und sehr belastende Folgeerscheinung dieser Operation, blieb Dirk glücklicherweise, bis auf ein paar kleine Rückschläge verschont. Woran er aber schon kurze Zeit nach der Operation litt, waren diese starke Schmerzen im Leistenbereich, die sich bis in die Oberschenkel ziehen, mit einem gewissen Taubheitsgefühl verbunden sind und längeres Laufen fast unmöglich machen. Viele Nächte bleiben durch sie schlaflos. Über Monate versuchen die Ärzte den Ursachen auf den Grund zu gehen, leider ohne Erfolg. Irgendwann bleiben nur sehr starke Schmerzmedikamente, um eine gewisse Linderung zu erzielen.

Dennoch feiern wir den ersten Geburtstag von Marvin in unserer Villa Kunterbunt gebührend. Steffi hatte vier sehr temperamentvolle Freunde von Marvin, die Familie und einige Freunde zu einem Kostümfest eingeladen. Es war ein wunderbarer Abend. Endlich konnte man einmal seine Sorgen vergessen und herzlich lachen.

Auch da erinnere ich mich an eine lustige Episode: Die Jungs nutzten natürlich jede Gelegenheit, waren ausgelassen und tobten durch das Haus. Ich, die böse Fee, werde ihnen ab und an Einhalt gebieten müssen aber sie stören sich nicht wirklich an mir. Darum werde ich meinen Zauberstab über sie erheben: „Jeder der jetzt nicht auf mich hört, den werde ich verzaubern!“ Große Augen, die mich anschauen und Marvins Freund, der sofort erschreckt

erwidert: „Ich habe dich nicht geruuuft!“ Später wird er Marvin fragen, ob die böse Fee immer hier wohnt. „Ja, aber das war doch nur meine Oma!“

Natürlich holten wir, wie vorher versprochen, nur ein paar Tage nach Dirks Entlassung aus dem Krankenhaus, meine Mutti in die Villa Kunterbunt. Die vorbereitenden Aufgaben meisterten wir mit den Kindern und einem sehr guten Freund. Für den eigentlichen Umzug werden wir, kurzerhand einen Möbeltransport beauftragen. Das Aufbauen, Reinigen und Bestücken der Schränke liegt dann wieder bei uns. Mein Bruder mit seiner Lebensgefährtin, die an diesem Tage auch zu Hause waren, trinken mit meiner Mutti Kaffee und stoßen dann abends bei einem Begrüßungsschluck mit dazu.

Zeitnah machen sich unsere Freunde auf den Weg nach Thailand, Den Flug ursprünglich gemeinsam geplant, haben wir bereits vor Wochen storniert. Die Verabschiedung gestaltet sich sehr schmerzlich und bei mir tränenreich. Sie reisen zu dem Ort unseres Herzens und wir gehen weiter auf diesem unverzichtbaren Weg, der uns endgültige Heilung bringen soll.

So geht es für uns nur ein paar Tage später zur ersten Rehabilitationsmaßnahme in eine onkologische Klinik nach Buckow. Wir hatten beschlossen, gemeinsam zu fahren, waren beide nach all den Monaten an unsere Grenzen geraten. Bei unserer Ankunft dann der erste Schock. Mir war, als sähe ich nur sehr kranke Patienten jenseits der 70 und fühlte mich dadurch in diesem Moment schmerzhaft mit der Realität konfrontiert. In unserem Zimmer breche ich abends in Tränen aus und Dirk wird versuchen, mich zu trösten.

Natürlich werden wir später dann auch Patienten kennenlernen, die uns diese Zeit mit Optimismus und Humor versüßen.

Kein Thema war mit ihnen tabu, wir konnten über alles lachen, auch wenn es noch so heikel war. So erinnere ich mich an Rita. Sie, die aufgrund ihrer speziellen Krebsoperation auch Neoblase genannt wurde und überhaupt keinen Hehl daraus machte, dass sie diese so gar nicht im Griff hatte. Wir treffen uns regelmäßig auf dem Raucherbalkon auf einen Kaffee. Natürlich war es kalt, wir hatten Februar. Darum war jeder für ein Stuhlkissen sehr dankbar. Rita wird, bevor sie sich auf den Weg zu einer Behandlung macht, einem Neuankömmling ihren vorgewärmten Platz schmackhaft machen: „Gern Rita, aber nur wenn er trocken ist!“ So waren diese Gespräche stets Labsal für die Seele, man konnte über das schmunzeln, was einem eigentlich die größte Angst bereitete, weil es anderen eben ähnlich ging. Das machte es leichter und vor allem wurde manchem Betroffenen immer bewusster, dass man mit vielen nicht allein dastand und andere es sogar noch schmerzlicher erwischt hatte. Entscheidend war letztendlich nur eines, dass man sich die Freude am Leben nicht nehmen ließ. Wir lernen dort auch Dietmar kennen, von der gleichen Krankheit betroffen, wie Dirk. Nach einigen Gesprächen stellen wir überrascht fest, dass wir uns eigentlich bereits seit 30 Jahren kennen. Gemeinsam waren wir Gäste auf der Hochzeit meiner besten Freundin Elli, die eigentlich Marion heißt.

Nach unserer Rückkehr schließt sich zeitnah die Strahlentherapie an. Sie wird Dirk wieder sehr schwächen und zu weiteren Nebenwirkungen führen. Nach jeder Behandlung leidet er unter Schüttelfrost, später folgen starke Schmerzen beim Wasserlassen.

Was uns in dieser Zeit wieder sehr schmerzhaft auf die Füße fällt, ist diese Verschlossenheit, mit der sich Dirk in solchen Situationen immer wieder umgibt. So wurde die gemeinsame Verarbeitung einige Zeit fast unmöglich. Ich befand mich in einer Zwickmühle. Auf der einen Seite wollte ich Dirk Ruhe gönnen, Kraft geben und die Fürsorge angedeihen lassen, die ich mir selbst in solcher Situation gewünscht hätte. Auf der anderen Seite fühlte ich mich oft schrecklich allein und hätte so gern über vieles mit ihm gesprochen. Hinzu kamen finanzielle Hürden die ich versuchte, alleine zu meistern. Natürlich hatten wir nicht alles bedacht und natürlich wird uns das irgendwann sehr schmerzlich auf die Füße fallen. Sei es der zögerliche Verkauf unserer Immobilie, die Nerven, die uns durchgingen und weswegen wir noch einmal – für uns schmerzlich – im Preis nachließen. Die dadurch über Monate finanzielle Doppelbelastung, sei es, dass manche

Dinge einfach deutlich kostenintensiver waren, als kalkuliert. So suchte ich nächtelang nach einer Lösung. Eine entsprechende Nachfinanzierung kam nicht infrage, Dirk bezog seit Monaten nur Krankengeld. Ein Ende war noch nicht in Sicht. Einer erneuten Überprüfung der Banken würden wir unter diesen Umständen niemals standhalten. Diverse Versuche in dieser Richtung hatten mir das bereits ziemlich deutlich gemacht. Irgendwann werde ich in einer Nacht- und Nebel-Aktion mit meiner Mutti sprechen und sie um Hilfe bitten. Wir gehen alle Möglichkeiten durch, denken an zu allererst an eine Bankbürgschaft, haben uns dahin gehend bereits telefonisch von ihrer Bank beraten lassen und einen Termin vereinbart. Eines Abends kommt sie dann zu mir und sagt: „Ela, das ist doch alles Quatsch. Du weißt, ich hänge an meinem Geld, das habe ich wohl von meiner Mutti geerbt. Aber wenn ich der Villa Kunterbunt und damit der ganzen Familie helfen kann, ist mir das wichtiger." Danach werde ich alle anderen zusätzlich um die Bereitschaft bitten, vorübergehend, bis Dirk wieder arbeitsfähig ist, 40 Euro Miete mehr zu tragen, als ursprünglich vereinbart. Bis auf meinen Bruder mit seiner Lebensgefährtin erklären sich alle dazu bereit.

Es ist der 23. März, ich werde 50 Jahre alt. Die Kinder kommen zum Frühstück und Dirk hält für mich einen wunderschönen Strauß bereit. 50 dunkelrote Rosen. Das Telefon klingelt am laufenden Band. Später wird es auch einige Überraschungsgäste geben. Zum Beispiel meine Freundin Elli, die eigentlich Marion heißt und natürlich Kerstin. Die große Feier hatten wir in die Mitte des Jahres verlegt, genau zwischen unsere Geburtstage und zu einem Zeitpunkt, wo das Schlimmste überstanden sein sollte.

Die Rehamaßnahme nach der Bestrahlungstherapie wird Dirk allein antreten und – so mein Eindruck – für seinen eigenen Verarbeitungsprozess nutzen. Wenn es auch noch sehr lange dauern wird und ich immer wieder befürchte, dass er in diese absolute Sprachlosigkeit verfällt, so begannen wir Stück für Stück, wieder an einem Strang zu ziehen.

Später werde ich mich oft fragen, ob er sich durch meine Fürsorge manchmal vielleicht sogar erdrückt fühlte. Wovon ich aber zutiefst überzeugt bin, dass meine Präsenz – wenn auch manchmal sicher belastend – dafür sorgte, dass Dirk sich nicht aufgab! Bald klar war: auch diese Erkrankung muss nicht das Ende der körperlichen Nähe und Liebe sein. Jeder **kann** und **muss** seinen ganz persönlichen Weg finden.

In dieser Zeit lernten wir nun auch unsere neuen Nachbarn, mit denen wir uns einen Zaun teilten, näher kennen. Wir kamen ins Gespräch und mittlerweile haben wir bereits einige Fläschchen Rotwein miteinander geleert. Sie, die selbst wirklich kein leichtes Päckchen zu tragen haben, dennoch für mich oft zum Lichtblick am Ende des Tunnels wurden. Jeder von ihnen auf seine ganz spezielle Weise und ich bin dankbar, dass wir wieder dieses Glück hatten, an solche wunderbaren Menschen zu geraten. Auch uns trennt der Blick in die Vergangenheit, worüber wir nicht nur einmal diskutiert haben. Aber was ich viel wichtiger finde: Die Gegenwart, die uns verbindet und vor allem das, was wir mittlerweile füreinander empfinden. Eine große Bereicherung und für mich oft wirklich der Fels in der Brandung. Was ich besonders genieße, sind diese Menschen verschiedenster Facetten, die ich wieder bei ihnen kennenlernen durfte. Jeder ganz speziell und mit seinen eigenen Erfahrungen und Standpunkten. Sicher so mancher, der auch mit unserer Vergangenheit immer noch so seine Probleme hat. Aber es gelingt uns immer besser, diese Gemeinsamkeiten zu entdecken, die uns menschlich immer näher bringen.

Am 10. Mai 2010 dann endlich war es so weit. Nach einem vorzeitigen Versuch wird nun gesund und munter unser Enkelchen Nummer 4, Egon Chookdee, geboren. Bereits ein paar Monate vorher wollte er sich auf diesen Weg machen, die Medizin hielt in glücklicherweise davon ab. Tukta lag aus diesem Grunde einige Tage im Oskar-Ziethen-Krankenhaus in Berlin-Lichtenberg. Auch darüber gibt es eine lustige Episode zu berichten. Bei unserem ersten Besuch werden wir sie fragen: „Na, hast du gut gefrühstückt?" „Nein, ich habe meinen Namen nicht gefunden!" war ihre Antwort. Unsere verdutzten Gesichter nimmt sie zum Anlass, uns lachend aufzuklären: Auf dieser Station gab es einen Frühstücksraum, wo in Buffetform angerichtet wurde. Die Lebensmittel waren alle namentlich ausgeschildert. Nachdem Tukta jedes Schild intensiv studiert hatte und ihren Namen nicht fand, ging sie unverrichteter Dinge und mit leerem Magen wieder in ihr Zimmer.

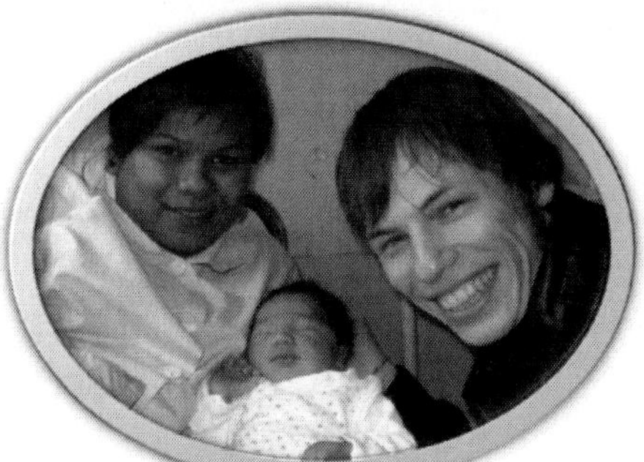

Der errechnete Geburtstermin war nun bereits seit einigen Tagen überschritten und Tukta ersehnte den Tag der Geburt von ganzem Herzen. So macht sie sich am 09. Mai mit Danny auf den Weg in einen Tempel, um Buddha um Beistand zu bitten. Nach ihrer Rückkehr werde ich sie fragen: „Na, was hat Buddha gesagt, wann kommt der Kleine?“ „Morgen!“ war ihre Antwort und Buddha hielt Wort. Nach diesen Monaten der Anspannung und auch Angst wurde Egon für alle zum Symbol der Hoffnung und Freude. Von Anfang an hat der kleine Mann eine besondere Beziehung zu seinem Opa.

Was uns besonders froh stimmte war die Aussicht, mit seiner Geburt endlich auch die blonde Linie zu durchbrechen und in braune Augen schauen zu dürfen, wir werden nicht enttäuscht.

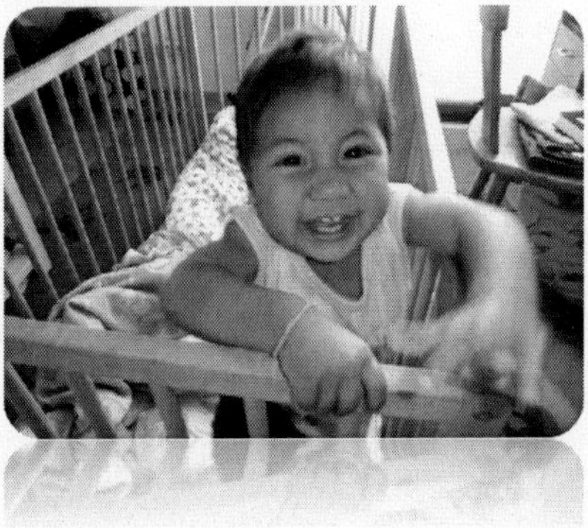

Mittlerweile hat unser Egon seinen ersten Geburtstag bereits hinter sich und hat sich prächtig entwickelt. Wenn ich auch manchmal denke, dass der Teufel bei ihm seine Hand mit im Spiel hatte, ist es eine Freude, ihm beim Aufwachsen zusehen zu dürfen.

Tukta hat ihre Deutschkenntnisse in den vergangenen Monaten vertieft. Eigentlich nichts, was sie nicht versteht und auch sie formuliert bereits mit Sprichwörtern und speziellen Redewendungen. Vor kurzen beendete sie eine Geschichte, die sie mir erzählte mit: „und so fort und so weiter!“ Wir beide mussten danach herzlich lachen. Ich brachte ihr dann: „klar und klipp!“ bei, was ihr auch sehr gut gefiel.

Auch bei Danny hat sich seither einiges getan. Er hat sein Studium sehr erfolgreich abgeschlossen, was uns sehr stolz macht. Wir wünschen ihm bei der Suche nach entsprechenden Einsatzmöglichkeiten ganz viel Glück.

Dennoch blieb nicht alles nur eitel Sonnenschein. Plötzlich wurde Danny von einem Gewitter überrascht, dem ein paar kräftige Schauer folgten. Natürlich gab es ab und an die eine oder andere Wolke am Lebenshimmel, Zusammenleben ist immer ein großes Abenteuer und eine Herausforderung. Das Verständnis füreinander oder die Vorstellung von Familie und Miteinander kann verbinden aber manchmal – auch in Anbetracht der kulturellen Unterschiede – einige Probleme aufwerfen. Ob der Regen es letztendlich schafft, die Luft zu reinigen, wird die Zukunft zeigen.

Tja, nun ist es wirklich so weit. Die Einladungen für unseren 50. und die Einweihung unserer Villa Kunterbunt, mit folgendem Wortlaut, sind bereits seit Monaten verschickt:

Ihr Lieben,

als ich ein Kind war, so in den sechziger Jahren, dachte ich,
im Jahre 2010, wenn ich dann 50 bin, wird man sicher
auf dem Mond in den Urlaub fahren.
Ich dachte auch, dann gibt es nirgendwo mehr
Ungerechtigkeit und Geld, denn alle sind gleich
und es herrscht der Kommunismus auf der ganzen Welt.
Kriege gäbe es dann auch nicht mehr und
kein Kind müsste dann noch hungern mehr.
Ich war der Meinung, mit 50 ist man richtig alt und
findet am Krückstock nur noch den sicheren Halt.
Später dann träumte ich von einem Mann,
der stets an meiner Seite ist und sechs Kindern,
3 Jungen und 3 Mädchen,
die mir zeigen, wie schön das Leben ist.
Ich sah dann eine glückliche Familie,
die sich sehr wichtig ist und auch in
schweren Zeiten niemals vergisst.
Nun ist es so weit, die 50 steht vor der Tür,
ein Grund Resümee zu ziehen, heute und hier.
Von diesen Träumen, die mir von damals
noch in Erinnerung sind, vieles Wunschbild blieb
aber andere im Laufe der Jahre wirklich wahr geworden sind.
Zwar war ich noch niemals auf dem Mond
und weiß auch nicht, wer da wirklich wohnt.
Aber ich war ansonsten an wundervollen Orten
und konnte einen Berg von glücklichen Erinnerungen horten.
Sie sind ganz tief in meinem Herzen eintätowiert,
bleiben dort für immer, egal was passiert.
Der Kommunismus wurde nie zu dem,

was ich damals von ihm dachte, zu sein.
Eine Erfahrung, die musste erst einmal in meinen Kopf
und in mein Herz hinein.
Das Geld ist noch da, mittlerweile muss man
die Taler eher noch genauer zählen
und viel öfter von links nach rechts erst drehen.
Mit der Gerechtigkeit ist das auch so eine Sache,
immer noch ein paar wenige diese für
ganz viele nach gut Dünken machen.
Dabei passieren dann leider oft ganz ungerechte Sachen.
Kriege geschehen noch immer auf der Welt.
Da geht es, wie damals, stets um Macht, Religion und Geld.
Sehr viele Kinder auch heute noch kaum etwas Vernünftiges
zu essen haben, dafür musst du mittlerweile
nicht mal mehr nach Afrika fahren.
Auch wenn mancher es kaum glauben kann,
oft wohnt der Hunger sogar gleich nebenan.
So werde ich also in die nächsten 50 Jahre starten
und auf die Erfüllung dieser Träume weiter sehnlichst warten.
Aber, und das stimmt mich überglücklich und immer wieder froh.
Der Mann meiner Träume an meiner Seite ist
und das ist seit 35 Jahren so.
Wir sind gemeinsam durch Höhen und Tiefen gegangen,
es war ein spannendes und liebevolles Unterfangen.
Ihr kennt ihn alle, diesen Mann,
dass auch er bald die 50 vollendet, sieht man ihm wirklich nicht an.
So hat er 35 Jahre mit dazu beigetragen,
dass viele meiner Träume irgendwann einmal Wirklichkeit waren.
Von den 6 erträumten Kindern haben wir 3 gemeinsam und mit
Spaß gemacht und ich hab sie munter auf die Welt gebracht.
Wir haben sie besten Wissens liebevoll groß gezogen,
dass dies eine spannende Herausforderung war, ist nicht gelogen.
Auch wenn sie uns manchmal um den Schlaf gebracht, hat uns die
Zeit mit ihnen mit viel Liebe, Glück und tollen Enkelchen bedacht.
Die Familie, die zueinanderhält, die gibt es bei uns
und das ist viel mehr wert, als Ruhm und Geld.

Deshalb haben wir auch das Projekt „Villa Kunterbunt" realisiert,
gemeinsam wollen wir leben und wir wissen genau, es funktioniert.
Nicht einen Tag haben wir seitdem in unserem neuen Heim bereut,
das können wir mit Fug und Recht schon sagen, heut.
Das Fazit meiner Rückschau ist, wir lebten unseren Traum,
die Politiker machten sehr viel Mist.
50 Jahre bald ist es nun so weit, für Dirk, für mich,
ein Ereignis, da uns wirklich sehr freut.
Die vergangenen Monate, Wochen und Tage, standen, wie alle
wissen, nicht immer unter einem guten Stern.
Aber Plan A wird funktionieren und damit
feiern wir auch sehr gern.
Wir dachten, wir machen es irgendwo zwischendrin:
Geburtstag Michi, Geburtstag Dirki und Einweihungsfeier
in einem Ritt, danach, steht uns der Sinn.
So haben wir den 10. Juli festgelegt und hoffen, dass auch in eurem
Kalender an diesem Tage noch nichts anderes steht.
Bitte teilt uns bis zum 31.03.2010 einfach mit,
ob ihr dabei sein werdet auf diesem Partyritt.
Wir würden uns riesig über euch freuen,
ihr werdet den Weg nicht bereuen.
Erst einmal gehen wir auf Reha-Tour,
denn die Gesundheit, sie geht nun mal vor.
Und um den Plan A dann wirklich zu vollenden,
lassen sich einige Folgebehandlungen leider nicht völlig abwenden.
Danach wollen wir noch einmal ganz von
vorn in dieses Lebensjahr starten.
Wir wissen, wir haben sehr gute Karten.
Auch wenn wir in den letzten Wochen
sind manchmal schmerzlich an Grenzen gestoßen,
von deren Existenz wir bis dahin überhaupt nichts wussten,
übersahen wir niemals am Ende des Tunnels das Licht,
das diese dunkle Zeit irgendwann durchbricht.
Es zeigte uns den Weg durch die Nacht
und hat uns immer wieder Mut gemacht.
Dieses Licht, das wurde stets heller und heller,

denn ihr alle seid unsere Energiespender.
Eure Gedanken, euer Mitgefühl, eure positive Energie,
haben uns geholfen, wo wären wir ohne sie?!
Danke dafür nochmals euch allen von Herzen,
glaubt uns, sie werden immer heller, die Kerzen...

Gedanken zum Ausklang

Eigentlich schließt sich der Kreis nun hier. Wir sind dort angekommen, wo ich einst mit dem Schreiben begann.

Die vergangenen Jahre und besonders die letzten Monate waren mehr als ereignisreich. Wir erlebten viele glückliche Momente aber auch oft ein Wechselbad der Gefühle.

Auf ein ganz besonderes Erlebnis möchte ich dabei noch einmal besonders eingehen: Die Teilnahme am Nachtwäscheball 2011 in Neuhardenberg, dem ehemaligen Marxwalde. Noch immer gibt es ihn, den Carnevalsverein, der mit Liebe, Verstand und großem Enthusiasmus die jeweiligen Veranstaltungen vorbereitet. Ganz so, wie ich es in Erinnerung hatte. Nach 21 Jahren empfand ich diesen Besuch wie ein Stück „nach Hausekommen." Ein wunderbarer Abend mit vielen fröhlichen Momenten und Menschen. Besonders gefreut habe ich mich über den Besuch einer Abordnung zu meiner Lesung im Restaurant Alberts. Ich danke euch dafür. Auch wenn unsere Biografien teilweise recht unterschiedlich waren, gibt es immer wieder die eine oder andere Erinnerung, die uns verbindet. Kommt es nicht genau darauf an?

Auch unsere Villa Kunterbunt brachte manche Herausforderung, kaum etwas entwickelte sich wirklich nach Plan. Ganz nach dem Motto:

„Erstens kommt es anders und zweitens als man denkt!“ So manches eine harte Schule, ganz besonders für mich und die Einsicht, dass im Leben wirklich nichts unmöglich ist. Wie heißt es so schön: „Unter jedem Dach gibt es ein Ach!“ Dennoch haben unseren Entschluss niemals bereut, naja... bis auf ein paar ganz kurze und schwache Momente. Aber das ist wieder eine neue Geschichte! „Das Abenteuer vom Wohnen in Generationen“. Wirklich genug Stoff für ein nächstes Buch!

Am 24. Mai 2011 verlässt uns meine Mutti, die für mich immer Bimi war, für immer. Noch lange hörte ich sie danach nachts in „ihrem“ Zimmer husten und hatte das Gefühl, als käme sie jeden Moment zu mir herüber. Dirk ging es, wie er mir später sagte, ähnlich. Niemand würde mir nun jemals wieder so hinterher winken, niemand mich so bedingungslos lieben, wie Eltern es eben tun, niemand war mehr da, in dessen Gegenwart ich mich fühlen konnte, wie ein Kind. Für mich besonders schmerzlich, dass mir verwehrt wurde, ihr einen letzten Herzenswunsch zu erfüllen.

So zog manches uns kurzzeitig den Boden unter den Füßen weg und wir gerieten ins Schwanken. Dennoch kämpften wir stets darum, wieder das Gleichgewicht zu erlangen. Immer in der Hoffnung, dass die Narben auf der Seele verheilen. Das funktionierte aber nur, weil wir Menschen an unserer Seite hatten, die uns auffingen, stützten, ihr Ohr und Herz liehen und ohne Wenn und Aber hinter uns standen. Dafür bin ich wirklich allen unendlich dankbar, besonders unseren Kindern, unserem verlässlichen Freundeskreis und natürlich auch Dirks Arbeitgeber, der Heinrichsthaler Milchwerke GmbH. Auch dort harrte man mit uns aus und hoffte mehr, als über ein Jahr auf die Genesung und Rückkehr von Dirk. Keine Selbstverständlichkeit in dieser Zeit und darum unbedingt erwähnenswert.

Natürlich, ich würde sonst lügen, gab es auch diejenigen, die sich irgendwann zurückzogen. Nicht jeder schaffte den Weg mit uns, nicht jeder überstand die Zeit, die wir nun einmal für uns ganz persönlich beanspruchten. Nicht jeder konnte mit den Folgen unserer Erkrankungen und den damit verbundenen Veränderungen auf Dauer umgehen. Mancher sah uns plötzlich in einem ganz anderen Licht. Was mich persönlich und menschlich überraschte, wie schnell er oder sie das tat und wie wenig dazu letztendlich gehörte.

Aber dafür kamen andere hinzu. Auch wenn jeder seine ganz eigene

Biografie und einen ganz persönlichen Weg hinter sich hat, verbindet uns etwas, was wir uns in all den Jahren bewahrt haben: Nämlich diese menschliche Offenheit und Nähe und – besonders wichtig – unser Humor der uns ganz oft trotzdem lachen lässt ...

Damit vollendet sich nun der Ostwind. Vielleicht gibt es ja in 20 Jahren eine Fortsetzung, natürlich mit Happy End. Wer weiß das schon?!

Für mich war das Schreiben Therapie, Aufarbeitung und Erinnern. Erinnern an wunderschöne aber auch schwere Momente, erinnern an Menschen, die mein, die unser Leben bereicherten, die Spuren in unseren Herzen hinterließen, erinnern an unsere gemeinsamen Jahre und all das, was wir ganz persönlich damit verbinden und uns niemand nehmen kann. Wie sagt ein Sprichwort: Die Erinnerung ist das einzige Paradies, aus dem wir nicht vertrieben werden können!"

Und damit möchte ich nun schließen. Wenn meine Geschichten dazu beitragen, dass mancher nun optimistischer in die Vergangenheit, Gegenwart oder auch Zukunft schaut, vielleicht sogar besser mit seiner eigenen Erkrankung umgehen kann und das Verständnis füreinander nur etwas wächst, wir diese Gemeinsamkeiten aber eben auch Unterschiede in diesem ganz alltäglichen Leben erkennen und akzeptieren, jeden Menschen individuell betrachten, ihm in die Augen und in sein Herz schauen und mit Achtung, Offenheit und Herzlichkeit begegnen, anstatt ihn aufgrund seines Äußeren, seiner Herkunft, seines Glaubens, seiner kulturellen Besonderheiten, seiner Sexualität oder bestimmter Vorurteile pauschal in eine Schublade zu verfrachten, dann, so denke ich, ist das der Beginn einer wirklichen gemeinsamen Zukunft!

Denn: Nicht jedes ehemalige SED-Mitglied war ein Stalinist und nicht jedes CDU Mitglied verhält sich wie ein Christ. Nicht jeder Bundesnachrichtendienstmitarbeiter hört keine privaten Gespräche von Bürgern ab und nicht jeder ehemalige Stasimitarbeiter hatte die Aufgabe, sein Volk zu beschatten. Nicht jede türkische Mitbürgerin trägt ihr Kopftuch unter Zwang und nicht jede deutsche Ehefrau hat ihren Mann ganz freiwillig und aus Liebe geheiratet. Nicht jeder Moslem schlägt oder unterdrückt seine Ehefrau und nicht jeder Deutsche trägt die Angebetete auf Händen. Nicht jeder Hartz 4 Empfänger ist zu faul zum Arbeiten und nicht jeder Topmanager arbeitet so viel, wie er verdient (bekommt). Nicht jeder Pole klaut Autos und nicht jeder Deutsche hat sein Fahrzeug legal erworben. Nicht jeder Italiener ist ein Geldwäscher der Mafia und nicht jeder Deutsche hat in diesem Hinblick eine reine Weste. Nicht jeder Afrikaner schnackselt viel und nicht jeder Europäer schützt sich beim Schnackseln vor Aids. Nicht jeder ausländische Mitbürger ist der deutschen Sprache nicht mächtig, so wie nicht jeder Deutsche ihr mächtig ist. Nicht jede Thailänderin verkauft ihren Körper und nicht jeder, der mit einer Thailänderin verheiratet ist, hat für sie bezahlt. Nicht jeder, der eine Glatze trägt ist ein Faschist und nicht jeder mit Haarpracht ein Demokrat. Nicht jeder, der viel redet, hat auch viel zu sagen. Nicht jeder Grüne trennt den Müll. Nicht jeder Politiker hält, was er bei der Wahl verspricht und nicht jeder Bürger glaubt diesen Reden noch. Nicht jeder Studienabsolvent wird daraus eine erfolgreiche Zukunft entwickeln und nicht jeder Hauptschüler auf der Strecke bleiben. Nicht jeder, der ein Brot klaut ist ein Täter und nicht jeder Täter wird für sein Vergehen zur Verantwortung gezogen. Nicht jeder, der das Essen in sich hineinstopft, tut das aus Hunger und nicht jeder, der großen Hunger hat, hat auch etwas zu Essen. Nicht jeder Obdachlose ist ein ungebildeter Trinker und nicht jeder Akademiker weise. Nicht jeder, der uns dafür verkauft wird, ist ein talentierter Sänger und nicht jeder, der nur in seinem stillen Kämmerlein singt, kein begnadetes Talent. Nicht jeder, der den Arzt aufsucht ist auch krank und nicht jeder Kranke kann sich einen Arzt leisten. Nicht jeder Gesunde freut sich seines Lebens, nicht jeder Kranke hadert mit seinem Schicksal. Aber ganz egal, was wir nun sind oder auch nicht sind, eines haben wir doch alle gemeinsam – wir sind Menschen, jeder ganz speziell mit Stärken und Schwächen, eben das Produkt unserer Eltern, Erziehung, Umwelt, Herkunft, Ideale und Lebenserfahrungen. Ein riesiges Potenzial, wovon es zu profitieren gilt.

Ganz herzliche Grüße
aus unserer „Villa Kunterbunt"

Ihre/eure zwei HIMMELsSTÜRMER
Michaela und Dirk Böckmann

...und vielleicht sehen wir uns irgendwann in unserer

„Villa Kunterbunt"

Im Internet

www.schlafen-wie-bei-muttern.de